脱炭素社会の住宅

ゼロエネ品質
檜品質
快適品質
にこだわる

はじめに

私たち株式会社日本ハウスホールディングス（旧　東日本ハウス：以下本文内、日本ハウスＨＤ）は、昭和44年に岩手県盛岡市に創業いたしました。創業2年目には、「木造在来工法」の会社となり、歴史を重ねるとともに技術革新を図り、現在に至っております。昭和63年8月3日には、東京店頭市場に株式を公開。平成25年には東京証券取引所第二部へ、翌平成26年には一部へ市場変更し、現在もプライム市場に上場するハウスメーカーとして、お客様の住まいづくり、しあわせづくりに力を注いでいます。

当社の企業理念は、「報恩感謝の心で行動する」というものです。具体的な内容は後にお示しいたしますが、常にお客様のことを考え、行動に移す。その提案や対応、アイデアは、本当にお客様のためになるのかを考え抜き、そうであるならば、たとえどんなに分厚い壁があろうとも実現する。それが日本ハウスＨＤイズムなのです。

それをカタチにする方法として、私たちは「3つの品質」を掲げています。それは「檜品質」「ゼロエネ品質」「快適品質」です。

檜は、木造住宅における最高とされる建材です。また、喫緊の課題であるカーボンニュートラル社会の実現のためには、暮らしにおける使用エネルギーをゼロに近づける必要があります。さらにその暮らしは、心地よく、快適でなければなりません。この3つの品質に至った背景やこだわり、そこに秘められた想いをお伝えすべく、今回この書籍「脱炭素社会の住宅「檜品質」「ゼロエネ品質」「快適品質」にこだわる」を発刊することにしました。

創業55年間の中で、常に目指した私たちの〝価値観〟をお伝えすることで、これから住まいづくりをする方はもちろん、木の家に暮らす方々にも、安心と誇りをもって暮らし続けられる一助になればうれしいと考えています。

日本ハウスホールディングス・グループCEO 兼
株式会社日本ハウスホールディングス　代表取締役会長 兼 社長　**成田和幸**

index 目次

プロローグ

カーボンニュートラル社会実現に向け、必要とされるのは「脱炭素社会の住宅」

では、まず私たち日本ハウスＨＤの企業理念を改めてお伝えしたいと思います。

■グループ企業理念

【グループの使命感とビジョン】

・社会に貢献するグループ企業集団と成る

・社員、業者会が一つになって、お客様・株主・社会に貢献する集団となる

【日本ハウスホールディングス・ビジョン】

・お客様が安心して任せられる日本一の住宅会社となる。

【グループ社員の心構え】

・報恩感謝の心で行動するグループ企業集団と成る

・六恩（お客様・父母・働く仲間・業者会・株主・社会）に報いる仕事をする集団となる

【グループ企業の目指すべき姿】

・物心両面の幸福を追求するグループ企業集団と成る

・六恩に報いる行動、仕事を行い、誇りもモノも手に入れる集団となる

この企業理念を貫くことで、企業の信用・信頼と言った社格が高められ、お客様のしあわせは当然のこと、同時に社員が物心両面の幸せが得られるようになる。そんな思いを込めて、定めました。常に感謝の気持ちを忘れず、相手の立場になって物事を考え、行動する。この約束を社員一人ひとりが心の中心に置き、お客様に真摯に向き合っております。

これまで日本ハウスＨＤは時代が求める、さらに言うと時代を一歩先取りした商品を開発・販売してきました。後にも詳しく記しますが、たとえば、昭和53年には、耐震構造の研究をいち早くスタートさせ、独自の耐震構造を確立しましたし、今では常識となりつつある太陽光発電システム搭載の住宅も、平成５年に日本で初めて世に送り出しています。エネルギー自給自

足を力強く応援するために、東日本大震災後、太陽光発電システムを全商品価格据え置きで標準搭載したのも、住まいづくりをする者としての使命であるとの思いから決断しました。

そして今、私たちがテーマとして掲げ、強力に推進しているのが、「脱炭素社会の住宅」づくりです。カーボンニュートラル社会実現が日本のみならず、世界的に喫緊の課題であることはご存じだと思います。実は、住宅や建築物を利用することによる二酸化炭素の排出量（2020年度）は、「家庭部門」で全体の15・9％。そこに商業やサービス業等の「業務その他部門」の17・4％を合わせると33・3％となり、全体の3分の1を占めるのです。カーボンニュートラル社会実現への工程・ポイントを次に示します。

○2020年10月の臨時国会において、菅前総理が2050年カーボンニュートラルを宣言
○2021年6月、地球温暖化対策推進法が改正され、2050年までの脱炭素社会の実現が法定化
○2021年10月、第6次エネルギー基本計画が閣議決定。地球温暖化対策計画の改定により、

家庭部門における2030年度における温室効果ガス排出量の削減目標を、2013年度比において▲39％から▲66％に引き上げ
○第6次エネルギー基本計画では、次の目標が記されている
・2030年に新築される住宅についてはZEH（※1）基準の水準の省エネルギー性能が確保されていることを目指す
・2050年に住宅・建築物のストック平均でZEH・ZEB（※2）基準の水準の省エネルギー性能が確保されていることを目指す

※1：ネット・ゼロ・エネルギー・ハウス。家庭で使用するエネルギーと太陽光発電などでつくるエネルギーをバランスして、1年間で消費するエネルギーの量を実質的にゼロ以下にする家
※2：ネット・ゼロ・エネルギー・ビル。ZEH同様、建物で消費する年間の一次エネルギーの収支をゼロにすることを目指した建物

このように、国は大きく舵を切りました。東京都や神奈川県川崎市では、2025年4月には、太陽光発電システムの設置義務化が施行される予定ですし、ZEHを始めとした省エネルギー

住宅の建築は、これからの必須条件になることでしょう。

カーボンニュートラル社会に対するお客様の意識の変化・向上は、商談・お打ち合わせをさせていただく中で強く感じています。しかし、一方でZEH化すれば、それだけコストもアップします。できる限り、少ない予算でいい家を建てたいと誰もが思うものですが、なかなかそうもいきません。さらに近年はコロナ禍やウクライナ情勢などの影響で、資材価格はもちろん、エネルギー価格も上昇しています。そこで私たちが提案するのが、「脱炭素社会の住宅―エネルギー使用量を半減させる家―」です。正式には、

「環境にやさしい脱炭素社会の住宅
日本の森林を守る　檜木造住宅　高断熱高気密ゼロエネの快適な家」

少々長いネーミングではありますが、この名前にこそ私たちのこだわり、情熱、そして使命が詰まっています。エネルギー使用量が半減すればCO_2の排出量も減ります。光熱費も安

くなり、ランニングコストを考えると、たとえば当社の試算では年間で従来の家と比べ、年間15万9000円も光熱費が抑えられます（詳細は後述）。30年間、住むとすれば477万円の差です。さらに太陽光発電システムで創電し、蓄電池を活用すれば、もっとお得になります。これこそが、次代に求められる「脱炭素社会の住宅」だと、私たちは確信しています。

私たちの住まいづくりにおける〝価値観〟は、価格ではありません。こだわり、追求していくものは「はじめに」でも触れましたが〝品質〟です。掲げる品質は次の3つです。

○「檜品質」
○「ゼロエネ品質」
○「快適品質」

もちろん予算に限りがある方のために、比較的価格を抑えたローコストに近い住宅も用意していますが、だからといって性能を大幅に落とすことはせず、価格を抑えたローコストに近い住宅でも住宅メーカートップクラスの気密・断熱性能を担保。檜を用いた心地よい空間を提案しています。それでは、現在の商品ラインナップをご紹介しましょう。

■日本の家・檜の家「館」「極」

○**檜品質**

４寸檜・木造住宅

耐震構造（新木造ストロング工法）

○**ゼロエネ品質**

高断熱・高気密

UA値（※1）0・25W／㎡K以下

C値（※2）0・5㎠／㎡以下

○**快適品質**

安心・安全・快適　24時間対応コールセンター　冷暖房標準装備

■日本の家・檜の家「輝」「雅」

○檜品質

3・5寸檜・木造住宅

耐震構造（新木造ストロング工法）

○ゼロエネ品質

高断熱・高気密

UA値　北海道仕様　0・3W／㎡K以下

　　　本州仕様　0・37W／㎡K以下

C値　0・5㎠／㎡以下

○快適品質

安心・安全・快適　24時間対応コールセンター　冷暖房標準装備

ホームページ
商品サイトはこちらから

■日本の家・檜の家　匠の技―クレステージ25―

○**檜品質**

檜・木造住宅　耐震構造（新木造ストロング工法）

○**ゼロエネ品質**

高断熱・高気密

UA値　北海道仕様　0・36〜0・4W／㎡K（ZEH相当）

本州仕様　0・43〜0・47W／㎡K（ZEH相当）

C値　0・5㎠／㎡以下

○**快適品質**

安心・安全・快適　24時間対応コールセンター　冷暖房標準装備

●一般的な住宅のUA値は0・46W／㎡K
●一般的な住宅のC値は5㎠／㎡以下
●UA値、C値は地域・間取り、仕様条件によって数値が変わる場合があります。
※1：外皮平均熱貫流率。住宅の内部から床、外壁、屋根（天井）や開口部などを通過して外部へ逃げる熱量を外皮全体で平均した値のこと
※2：相当隙間面積。建物全体にある隙間面積（㎠）を延床面積（㎡）で割った数値で、建物の気密性能の指標として用いられる

日本ハウスHDが、このような商品を開発したのには、しっかりとした理由と背景があります。なぜ3つの品質なのか。「檜品質」「ゼロエネ品質」「快適品質」には、どんな思いや開発の歴史があるのか。それらをつまびらかにお伝えすることで、きっと私たちのスタンスだけでなく、日本のこれからのあるべき住まいづくりへの理解を深めていただけると考えています。

●外観例

奈良 柏木展示場

奈良 橿原展示場

小樽 宮の沢展示場

新潟 万代八千代展示場

●外観例

函館 時の館Ⅲ展示場

福島TUF展示場

千葉 市原展示場

宮崎UMK展示場

●外観例

熊本県庁通り展示場

横浜港南台展示場

「匠の技 クレステージ25」Car･WithI

「匠の技 クレステージ25」和彩I

2023.10.31現在

第一章

「檜品質」について
～誰もが手にできる価格の檜の家。実現への情熱・執念～

丈夫で長持ち、
健康にもいい檜の家を
より多くの人々の
お届けしたいという
熱い想い

最初にお話しさせていただくのが、「檜品質」です。みなさんは、檜に対してどのような印象をお持ちでしょうか。「檜舞台」「檜風呂」「総檜造りの家」…。おそらく多くの方は、「高級なイメージ」「ハレの舞台」「贅沢な家」「香りがいい」といったことを思い浮かべると想像します。

結論として、檜は〝日本一の建築資材〟と言えます。強度、耐久性も高く、抗菌・防虫効果、さらには吸放湿性にも優れた木材だからです。伊勢神宮を始め、多くの城や神社仏閣に使用されていますし、奈良・平安時代の貴重な宝物が収められている東大寺の正倉院も檜づくり。太古より、日本人は経験則として檜の素晴らしさを理解していたのです。

檜には次のような特性があります。

○伐採後、200年~300年で最も強度が増し、千年経って元に戻る特性
○抗菌・防虫効果が高く、耐久性に優れている
○優れた吸放湿性は日本の気候風土に適している
○フィトンチッド成分には自律神経安定などのリラクゼーション効果

■清水寺の舞台

人生のハレの舞台を「檜舞台を踏む」といいますが、これは清水寺の檜の板間の舞台が語源とされているようです。

■東大寺の正倉院

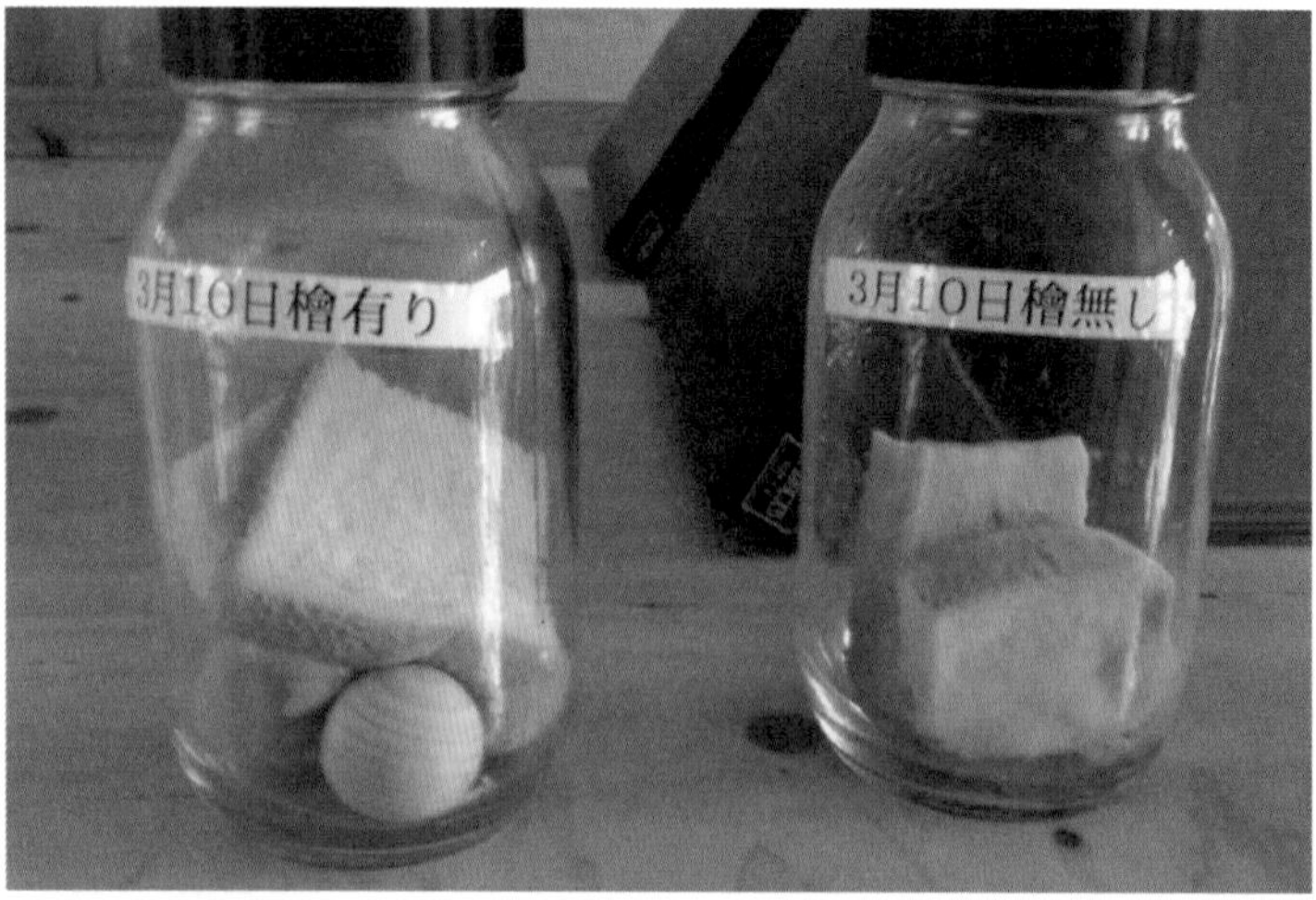

■檜と湿気実験
パン＋檜チップ10gとパンのみで比較。それぞれのカビの生え具合を観察（温度25℃・湿度50％に設定）
パンのみは保存後、3日後くらいからカビが認められました。パン＋檜にカビが認められたのは、28日後。檜に含まれるテルペン類などがカビを防ぐと言われています。

■檜の香りが脳や五感に影響する研究が進む
檜の香りを嗅ぐと、神経を通じて脳に伝わり、ストレス軽減や脳の疲労を和らげる効果があるともいわれています。

■森林と都市におけるストレスホルモン濃度の比較

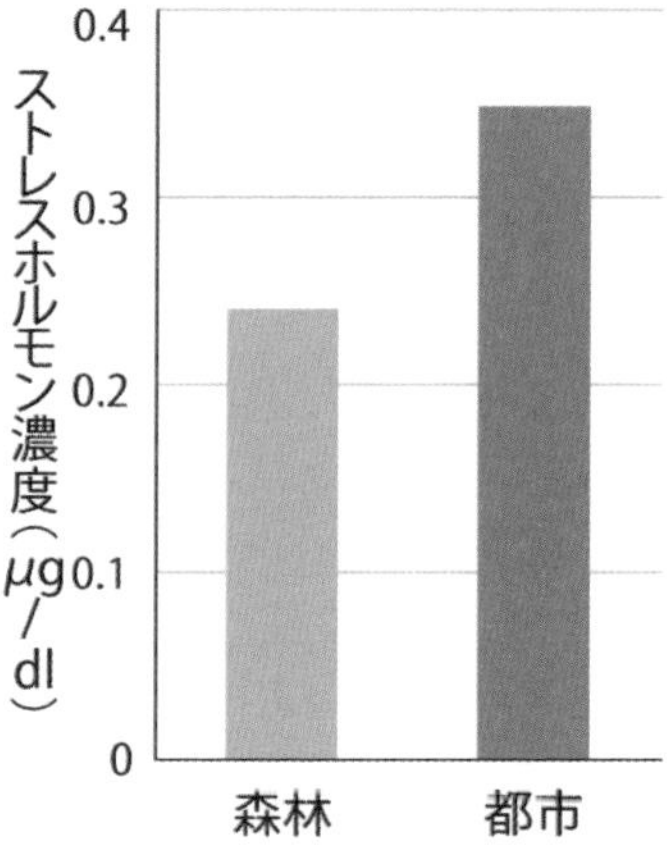

【日本の森林を守る檜・木造住宅】

■伐採がCO_2吸収量を高め、森を守る

木は光合成により、大気中のCO2を吸収しながら成長します。成熟した木を伐採して新しい木を植林し、森林全体のCO2吸収量を高めます。日本ハウスHDは国産檜を積極的に使用。植林・管理・伐採のサイクルを促進し、檜の森を育てます。

森を元気にするためには、定期的な伐採が必要です。木を伐採するのは環境破壊だと勘違いされる方もおられるようですが、野菜作りに置き換えて考えてみると理解しやすいと思います。芽が出たあと、適度に間引くことでしっかりと栄養が供給され、立派で美味しい野菜が育つのと同じ原理で、木も太く、元気に育つのです。

■炭素を貯蔵することで、CO_2削減に貢献

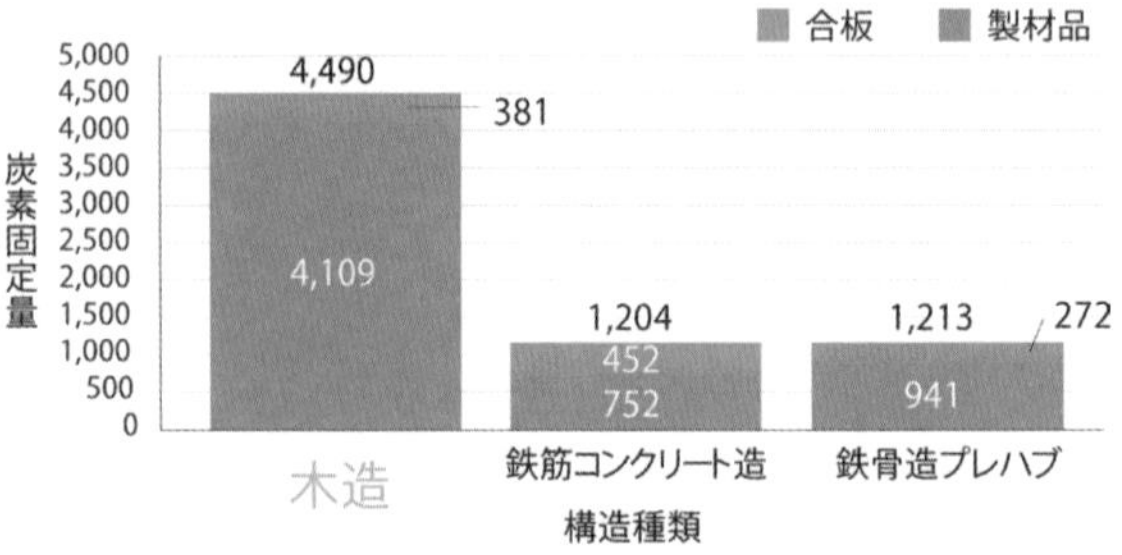

※大熊幹章「地球環境保全と木材利用」林業改良普及双書（2003年）をもとに作成※製材品の炭素含有量を50%、木材の比重を0.4とし、製品中に蓄えられた炭素量を積み上げて算出※住宅モデルとしては、1985年に建築学会（環境工学委員会熱分科会）が提案した「住宅用標準問題（延床面積125.86㎡）」を使用
出典：（一社）ウッドマイルズフォーラム「住宅1棟当たり（約38坪）の炭素固定量」

■建築時のCO_2排出量が少ない木造住宅

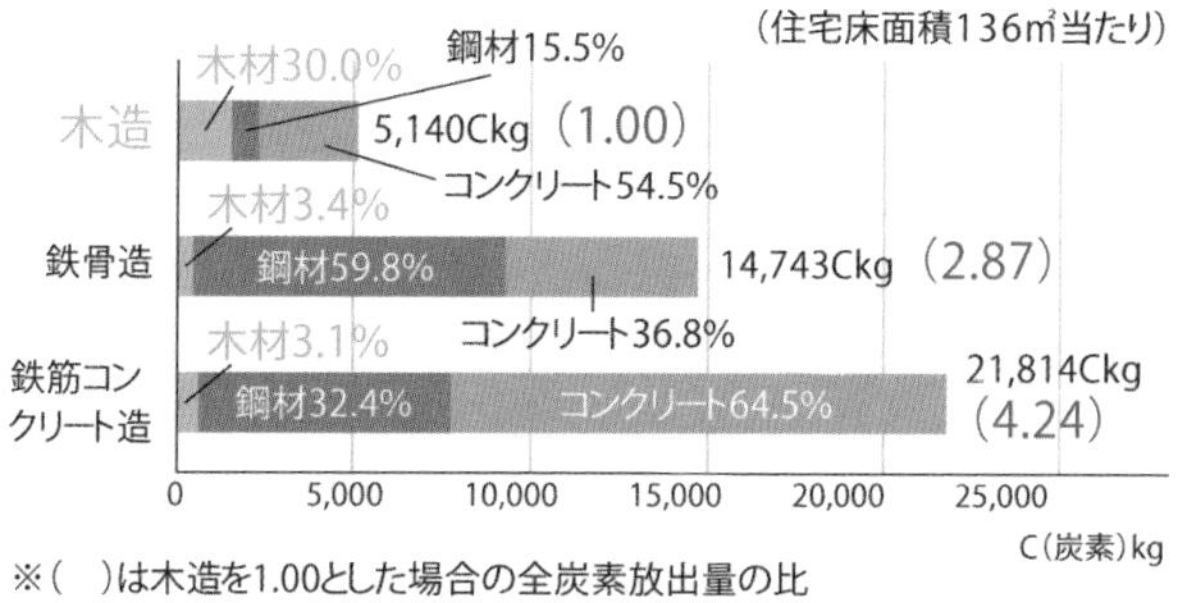

※（　）は木造を1.00とした場合の全炭素放出量の比

出典:（財）日本木材総合情報センター「木質系資材等地球環境影響調査報告書」より

■バーナーを用いた燃焼実験

軽量鉄骨（梁などに使用:厚さ2.3mm）およそ1分41秒で強度が低下し、折れました。

軽量鉄骨（角パイプ:厚さ3.2mm）およそ3分1秒で強度が低下し、折れました。

檜の集成材（105mm×105mm）5分間燃焼しても折れずに強度を保ちました。

鉄は熱に弱く、決して火事に強いわけではありません。

木造住宅でも、例えば柱を太くするなど建て方を工夫すれば、火事（火災）に強い家が建てられます。

■木材・鉄の過熱による強度変化

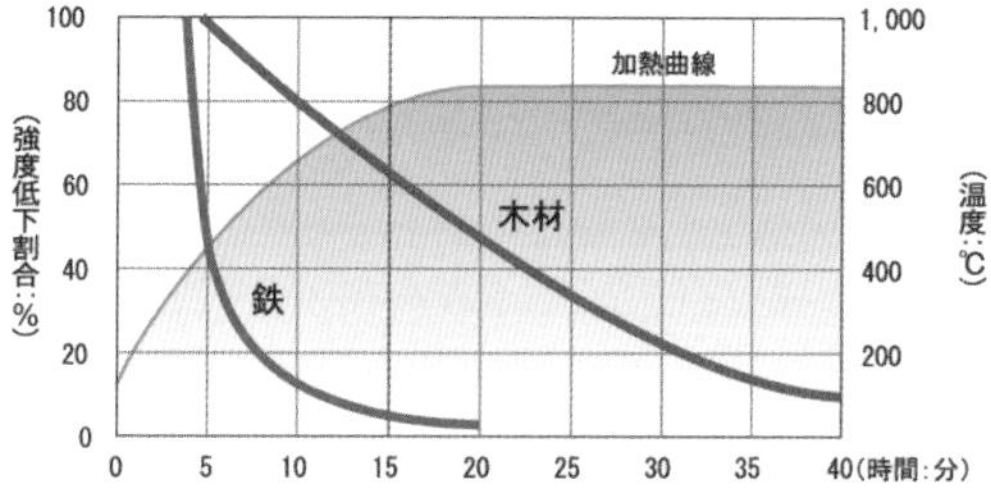

（アメリカンインスチュート・オブ・キンバーコンストラクション）

最高の建材「檜」を安価に仕入れるために東奔西走

私たちが檜の家づくりに着手したきっかけは、当社の関東進出です。創業2年目からお客様の希望が反映できる木造注文住宅「木造在来工法」を手掛け、木の家に対するノウハウや実績を着実に積み重ねてきました。盛岡に本社を構え、八戸や仙台、秋田、福島、山形といった旧社名の通り、東日本を施工・販売エリアとして展開してきたわけです。しかし、創業当初から目標は全国展開。経営基盤が強固となった昭和49年3月、いよいよ関東への進出を図ることになりました。

しかし、より競争相手も多く、商談にシビアな関東の地で認められるためには、新しい〝目玉〟となるものが必要だと、創業者である中村功は考えました。思案を重ねる中で行き着いたのが、中村が生まれ、育った香川県高松市の風景。誰もが羨む立派な檜造りの家でした。とは言え、それらはすべて名家と呼ばれる人や地主、一部の金持ちの家ばかりです。

「最高建材の檜の家を、もっと一般の人にも手にしてもらえないだろうか」

そう考えたものの、檜材は杉などに比べて高価。当然、販売価格は高くなり、おのずと予算にゆとりある人しか手にできないのが現実でした。普通なら早々に諦めて別の道を探したかも知れません。目玉なんて用意せず、今ある商品で関東に進出したかも知れません。でも、中村は諦めませんでした。

「何とか檜を安く仕入れることはできないだろうか。それが実現できれば、より多くの人に喜んでもらえるだろうし、丈夫で長持ち、心地いい家に暮らしてもらえるではないか。何か策はないものか…」

考えて、考えて、リサーチを繰り返す中村。ある日、一つの可能性をひらめきます。昭和50年前後と言えば、戦後、植林された檜の樹齢が30年ほどになります。人工林は、より良質な樹木を育てるために間伐が欠かせないわけですが、30年経って建材としても利用できるほどの太さになった檜の間伐材を、安く仕入れられないだろうかと考えたのです。

これで仕入れのめどは立ちました。中村は、勇んでモデルハウスづくりに着手します。こうしてひのき4寸柱、高天井の「近代和風 やまと」が難問を見事に乗り越え、誕生。多くの人が手に届く価格帯の「檜の家」を引っ提げ、私たちは関東に乗り込んだのです。結果は、大ヒット。

平成5年1月30・31日の全国一斉構造見学会で、来場者数２８４２組、即日申込５４７件を獲得するに至りました。

木が生き物であることを痛感
再び開発に没頭

ところがその後、再び難問にぶつかったのです。それは、「割れ」「反れ」現象。木は生き物で、伐採後にも収縮を繰り返します。そこで乾燥をかけるのですが、それが不十分であったり、乾燥中にも割れや反れが生じてしまうのです。未乾燥材の木材が一般的に多い当時、わが社は確かな品質の木材を使用し、お客様に安心していただきたいという思いから他社に先駆けて「羽柄材まで乾燥材」による供給体制を築きました。その中でも柱材は従来の乾燥方法では木材の性質上、建築後まれに背割れ部分が開くことがあるという懸案事項があり、この問題に対してたどり着いたのがバランスフォースリットでした。

しかし、当初は専用の加工機もなかったため、従来加工機の改良や、乾燥温度のスケジュール管理など、製造メーカーさんと共に改善を積み重ね、安定した製品づくりを完成させていきました。結果、乾燥による収縮を四方に分散することで懸案の問題点を改善できただけでなく、製造メーカーさんにとっても製造時点の曲がり品の発生が少なくなるなどのメリットがあることもわかり、お客様の為を第一に乾燥方法までこだわりを持ちあきらめなかったことで、非常に良い商品が誕生しました。

こうしてこの問題も見事に解決し、お客様に満足いただける檜の家を、自信をもってお届けできるようになりました。

■バランスフォースリット
耐震最高等級3の構造を支える四面切溝檜 無垢柱（バランスフォースリット）
高品質なエリート檜だけを厳選して使用。割れや反りを防ぐ「四面切溝」を施すことで、さらに強度と耐久性を向上させています。
四面切溝檜 檜無垢柱の最大圧縮荷重は、206.1kN。ホワイトウッド集成材と比べて、約1.3倍の強さ

~耐震構造（新木造ストロング工法）への挑戦と歩み~

昭和53年の宮城沖地震を機に耐震構造の研究に本格的に着手

昭和50年を迎えると、当社は受注100億円を達成するなど好調ではあったものの、業界全体では販売が減少。お客様は、ますます品質を重視されるようになりました。大手プレハブメーカーは技術力向上に努め、その結果として多くの木造住宅メーカーは水をあけられることとなったのです。

しかし、ここでもいち早く技術革新に乗り出していたことが競争力を高めます。その数年前から技術開発を考えていた中村社長は、昭和51年には建築学の権威である故清家清（東京工業大学・

故清家清氏
東京工業大学・
東京芸術大学
名誉教授:当時

東京芸術大学名誉教授：当時）氏に相談を持ち掛け、技術系社員が清家氏のもとで特別研修を受けるなどし、技術革新への知見を磨いていったのです。

そんな中、悲劇が東北地方を襲います。昭和53年に宮城県沖地震が発生。マグニチュード7・4（震度5）の大地震は、現在の仙台市域（旧泉市・旧宮城町・旧秋保町の区域を含む）において、死者16人、重軽傷者10119人、住家の全半壊が4385戸、一部損壊が86010戸という多大な被害を生じさせたのです。

当時、それまでの家は地震対策として「筋かい」を入れるくらいしかありませんでした。その筋かいも釘留めなので、大きく揺れると抜けてしまうのです。地震の多いこの日本で、安心・安全に暮らしていただくには、耐震性を高めなければならない。この宮城県沖地震が、私たちの住宅性能向上への飽くなき追求への始まりでした。

さっそく清家清氏に相談したところ、一つのアイデアが示されました。それは、「机に取り付けてあるZライトのアームとアームに1本の紙の帯を互いに巻き付けると、1本の紙の帯でさえもアームが伸びない様に出来る。このアイデアを木造住宅のブレース（筋かい）に対応できないだろうか」というものでした。それをベースに、筋かいの斜材を釘ではなく、ステンレスのベルトで巻き込む工法を発案。耐震ベルトを開発したのです。

その後、ディープアンカーボルトやマイティプレート、ブレースボックス、ホールダウン金物など、耐震施工の金物を、東京工業大学の故本間教授の協力のもと、次々と開発。耐震構造の研究を繰り返す中で、独自技術・施工法を確立していきました。各部位の開発過程および性能は次のようになります。

■耐震ベルト

【日本ハウスＨＤの部位別のこだわり】

基礎

日本ハウスＨＤの基礎は地震に強く、長期保証を実現させるため、さまざまな工夫がなされています。特徴的なものはコーナーベース。１棟当たり一般的な建物で４カ所程度設けられていますが、地震エネルギーにより、出隅部分に力が加わり被害が出た事例が少なくないため、コーナー部分の強度を高める工夫を施しています。

その他、先端を銛状にして引き抜きに耐える「ディープアンカーボルト」の採用や「基礎配筋を切らない床下換気口」（のちに基礎パッキン／北海道の寒い地域は現在も手動で開閉可能な床下換気口を一部使用）に変更し、床下の換気と強度を改善。基礎幅も１６０㎜と十分な鉄筋のかぶり厚さを確保しています。

その後、60年長期保証に向けて「高耐久コンクリート基礎」（１００年基礎）の施工技術を、ひびわれのないコンクリートで名のある故岩瀬文夫氏の協力のもと、採り入れました。

■100年基礎

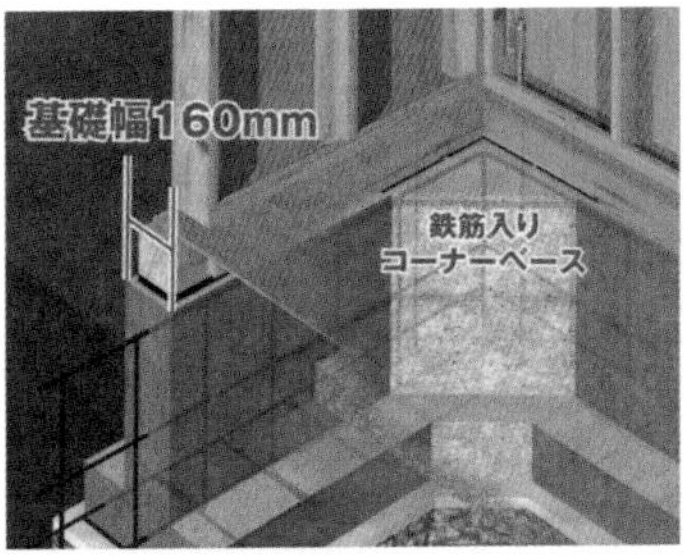

土台

創業当初は、防腐土台と呼ばれる薬剤を加圧処理した一般的土台を使用していましたが、素材自体が腐れに強く、白蟻のつきにくい「檜の無垢材」に変更。当時の住宅金融公庫（現フラット35）では、檜材を使用すれば防腐剤、防蟻剤を使用しなくてもよいと判断されていました。

柱

柱は、当初は一般的な杉やスプルース材を使用していましたが、前述の通り、最高の素材「檜」に切り替えました。柱において、当時、比較対象になっていた集成材と実際の

■檜無垢材の基礎

柱の長さに近い3m柱の「座屈強度試験」を実施。粘り強い檜が、集成材より1・3倍強い結果を得ています。

平成13年には、「4面切溝（バランスフォースリット）檜無垢柱」を採用。平成28年檜材だけでつくる集成材、「プレミアム檜集成材」を開発しました。

壁

筋かい＋耐震金物から、構造用合板のパネル施工に変更し、「モノコック構造」を採用。合わせて、壁の結露対策として「通気層工法」を基本とし、防湿透水シートを使

■プレミアム檜集成材
北海道仕様にはプレミアム檜集成材を採用。質の高い檜を、経年変化の少ない集成材に加工。無垢材の1.5倍もの強さを誇り、北海道の住まいを支える構造材として使用しています。

用して壁内の結露防止を図りました。壁内にも火災が侵入した場合の「ファイヤーストップ材」を設けています。

さらに「高倍率の耐力壁パネル」は2006年、2007年で大臣認定を取得。耐力壁の倍率は3・7倍と5・0倍、3・0倍となっています。その後、日本合板工業組合連合会による手続きで、一般構法でも釘の種類やピッチを変更することで3・7倍、3・3倍の告示が出たため、大臣認定壁を発展的に解消しています。

2階床

■パネル工法（モノコック構造）

認定長期優良住宅　省令準耐火構造仕様

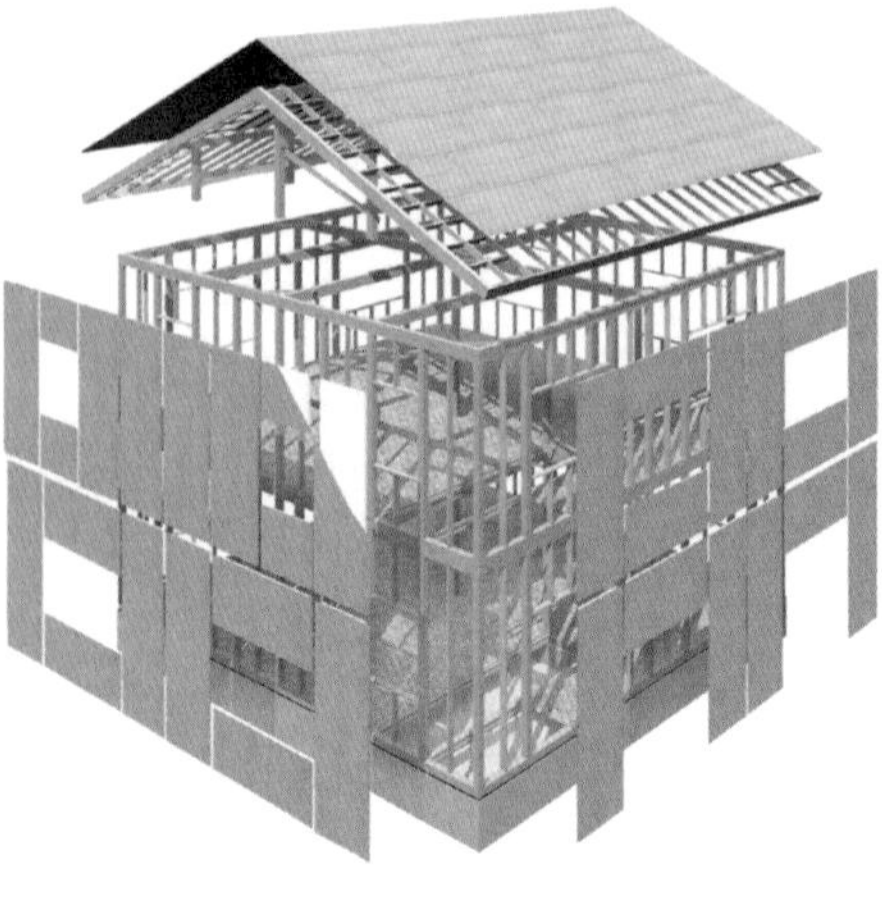

HT座付ナット

耐震施工では、床部分を火災から守る「耐震耐火フロア」を開発。火災による床の抜け落ちを抑える施工を行い、当時、実際に火事を経験した事例では、床の抜け落ちが無く、消防からも称賛を頂きました。

その後、日本の城（姫路城、犬山城など）の床からヒントを得た「ストロング床組」を開発。水平強度が見直され、厚合板と骨太根太に変更されたことで、床の水平強度向上と耐火性向上を図っています。

２階の梁はヘビーティンバー工法（一般的に力の掛かる部分だけを太い梁にして継手が増える工法ではなく、太い梁が必要な側に合わせ、継手を少なくする工法）を採用し、強度を高めています。木材使用量は増えても丈夫で安心、お客様の側に立った工法を選んでいます。又、補強金物もＨＴ座付きナッ

■ストロング床組

トを独自開発、経年経過による木の乾燥で金物が緩む対策として、緩まないＨＴ座付きナットを使用しています。この金物は日本ハウスＨＤ初となる２００９年グッドデザイン賞に選ばれ、現在も日本ハウスＨＤの住まいづくりに貢献しています。

屋根面

屋根はアスファルトルーフィングから「ゴムアスファルトルーフィング」に変更し、防水力を高めました。

また、瓦を用いる地域では、瓦を屋根に留める箇所を増やす施工（当時の住宅金融公庫基準超）を実施し、暴台風、地震時などによる瓦落ちを防いでいます。棟換気部材も風速35ｍ／ｓｅｃで１㎡につき4リットルの散水実験において、室内側の水の侵入を防ぐことを実証しています。

■ゴムアスファルトルーフィング

現在、私たちは、これら独自の技術や製品を組み合わせた、「新木造ストロング工法」を開発・採用。伝統的な木造軸組の構造体に、強度を高めた床組と壁、柱を組み合わせることで、阪神・淡路大震災の２００％に相当する揺れに耐え抜く、耐震等級３の頑丈な住まいをお届けしています。

優れた耐震性能を実大実験やシミュレーションで証明

当社の住まいの耐震性能を確かに証明するために、「実大実験」を実施しています。平成17年、平成21年に実大実験を行いました。１回目は構造体のみを、２回目は完成した建物として実験を実施しています。

結果は、１回目の構造体モデルでは、阪神淡路大震災の約１・５倍の揺れに耐え、２回目の完成モデルでは、同震災の約2倍の揺れに耐えることが実証されました（ともにつくばにある、国立研究開発法人土木研究所にて実施)。特に2回目は、当時の実験台で出せる最大の出力で行われていることも注目の一つです。

その後、京都大学生存圏研究所の地震シミュレーションにより、同震災の2・2倍の揺れにも耐えることが確認されています。

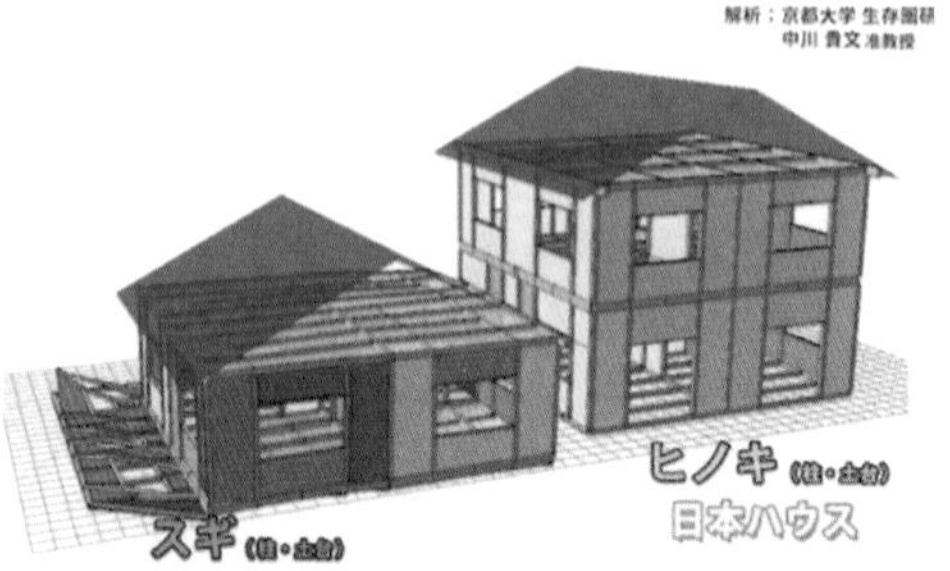

■国立研究開発法人土木研究所での実大実験の様子

～ひのきの良さをより多くの人々に知っていただくために～

「檜」の魅力を体感する新展示場施設『Hinoki Plaza 埼玉』オープン

ここまでで、私たち日本ハウスHDがなぜ檜に着目し、こだわり、そして住宅性能を向上させ続けてきたのかをお話してきました。しかし、冒頭にも触れましたが、檜の良さを多くの人が理解しているかと言えば、そうではないというのが現実だと思います。

たとえば、花粉症の原因はどこにあるのか。たとえば、木を伐採することが自然破壊につながるのではないかという誤解。檜の魅力を知っていただき、木の循環サイクルなどもしっかりと理解していただければ、もっともっと積極的に、明確な理由をもって、〝木の家〟を選んでいただけるのではないだろうか。そんな思いに至り、新展示場施設『Ｈｉｎｏｋｉ Ｐｌａｚａ埼玉』をオープンさせました。

檜の木組によってつくられた外観が特徴的なこの施設は、檜のやさしさや心地よさを視覚・嗅覚・触覚を通じて体感できる場所となっています。木と土のぬくもりが感じられる和の提案や檜の手触りを楽しむ調度品・工芸品、檜の遊具なども用意され、森への関心を高める「木育」を目的とした利用も想定しています。

1階は、はじめてのひのき体験をお届けする空間です。「ひのきの森」や「ひのきの一生」クイズ体験のほか、和室や茶室を用意。2階は、これからのひのきのことを学ぶスペースとなっており、「檜品質クイズ」や「サロンスペース」、「ひのきのボールプール」「積木」などで遊びながら豊かな心を育む「木育」コーナー、さらには「VR体験ゾーン」なども用意されています。せひ、多くの方に利用していただければ幸いです。

今後、岡山、仙台にも同様の施設を出店し、いずれは全国に展開させたいと考えています。また、同施設には「ひのきと暮らす」を実際に体験できる「宿泊体験展示場」も併設。これは「建てる前にひのきの暮らしを体感し、安心して契約を結んでいただきたい」と言う思いから、当社が約20年前からスタートさせた取り組みです。

『Hinoki Plaza 埼玉』

埼玉県さいたま市緑区美園2-11-3　駐車場完備

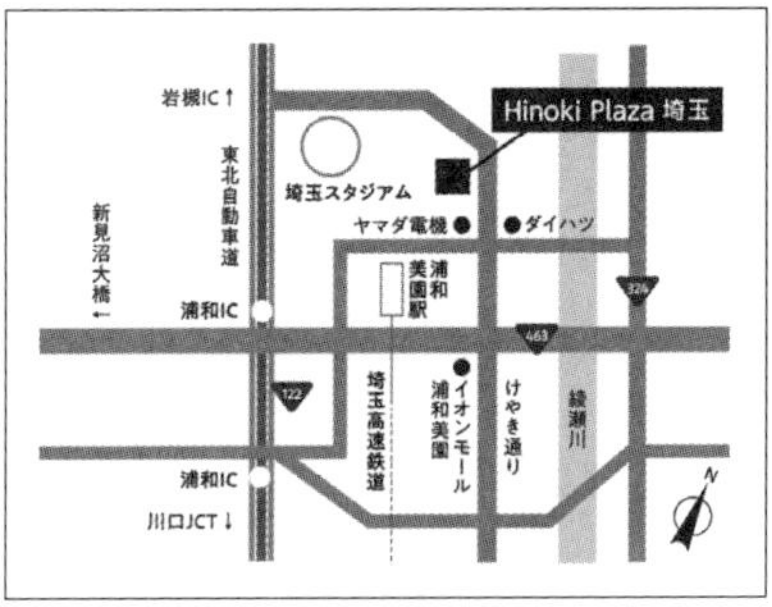

【感じる】屋内に出現した「ひのきの森」。森林浴さながらの体験を

1F

1 エントランスホール

2 ひのきのプロムナード

3 映像展示「ひのきの森の1日」

【学ぶ】巨大スクリーンで学ぶ「ひのきの一生」

4 ムービー「檜のこみち」

【触れる】ひのきづくしの和空間に、伝統の職人技を垣間見る

5 モダン和室

【愉しむ】伝統的な茶室で。静謐な「侘び・寂び」を愉しむ

6 茶室

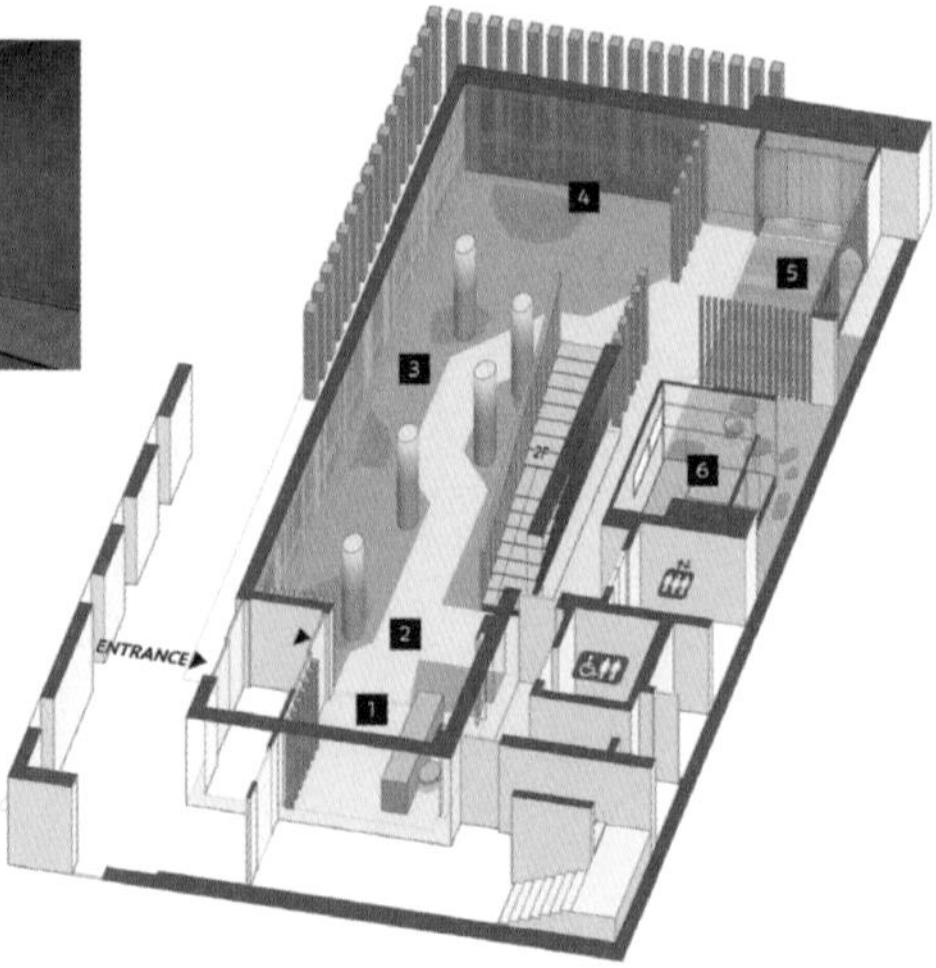

【知る】その歴史から魅力まで、
暮らしに息づくひのきを再発見

7 ひのき資料展示

8 全国各地のひのき

【寛ぐ】ひのきのサロンで一息。
くつろぎのひとときを

9 ひのきサロン

【遊ぶ】遊びを通じて、心を豊かに育てる「木育」空間

10 キッズプレイゾーン

2F

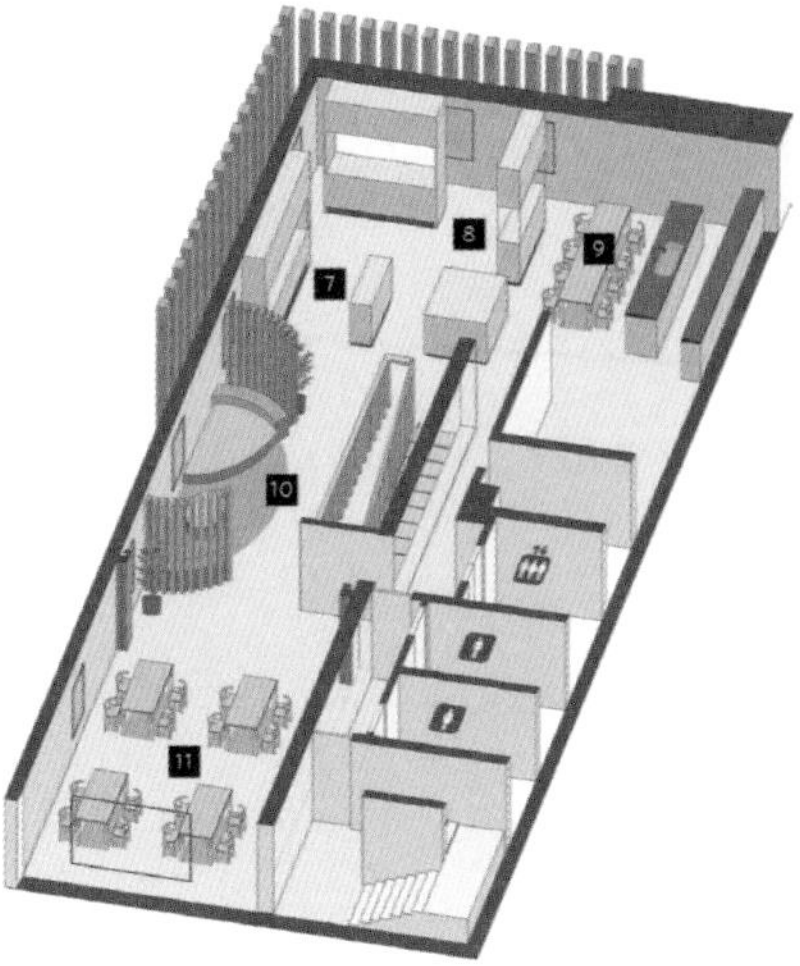

【体験する】VRでリアルなひのきの家間取り体験も

【深める】梅雀さんと学ぶ、いま、
そしてこれからの「ひのき学」

11 映像ライブラリー

第二章

「ゼロエネ品質」について
～高断熱・高気密（UA値・C値）向上、エネルギー自給自足への道程～

北海道の厳しい冬でも快適に過ごせる家づくりを目指す

次にご説明させていただくのが、「ゼロエネ品質」です。私は、昭和51年に入社しました。配属先は北海道・函館支店。右も左も分からない新人ではありましたが、建築学科を卒業していたこともあり、多少なりとも住宅の構造や施工方法などの知識を有していました。

入社2年目の頃、当社がつくる住まいの住宅性能に疑問を持ち始めます。会社のスタートが盛岡とは言え本州だったこともあり、北海道の厳しい冬においては、正直、すごく寒い家だったのです。そこで私は他のハウスメーカーの住宅を徹底的に調べ上げました。そして出した結論が、「断熱材を充填する」というものでした。

ところが、ここで大問題が発生します。単に断熱材を充填するだけでは、壁体内結露を引き起こすことが判明したのです。スキーなどのウインタースポーツを楽しむ方ならお判りでしょう。身体を動かすうちにアノラックとセーターの間にびっしりと汗をかくのと同じ原理です。そこでさらに研究を重ねます。そして行き着いた答えが、結露を除去する「通気層工法」。そのうえで断熱材をより密度の濃いものへと変更しました。

同時に、外気温の影響を大きく受ける開口部、つまり窓の改良にも着手しました。当時はアルミサッシが主流。ここでのポイントは、熱伝導率です。熱伝導率とは、その字のごとく、熱をどれだけよく伝えるかという数値。鉄などの金属を冬に触れれば「冷たい！」と感じますし、夏に触れれば「熱い！」と感じます。

アルミの熱伝導率は、鉄の約3倍にもなります。熱をよく伝えるということは、急速に冷えるという性質だということです。そのためアルミサッシは結露がすごく出てしまう。その対策として、水抜きの穴が開いているのです。これでは隙間風が入りますし、室内の

■開口部性能を高めるトリプルガラス

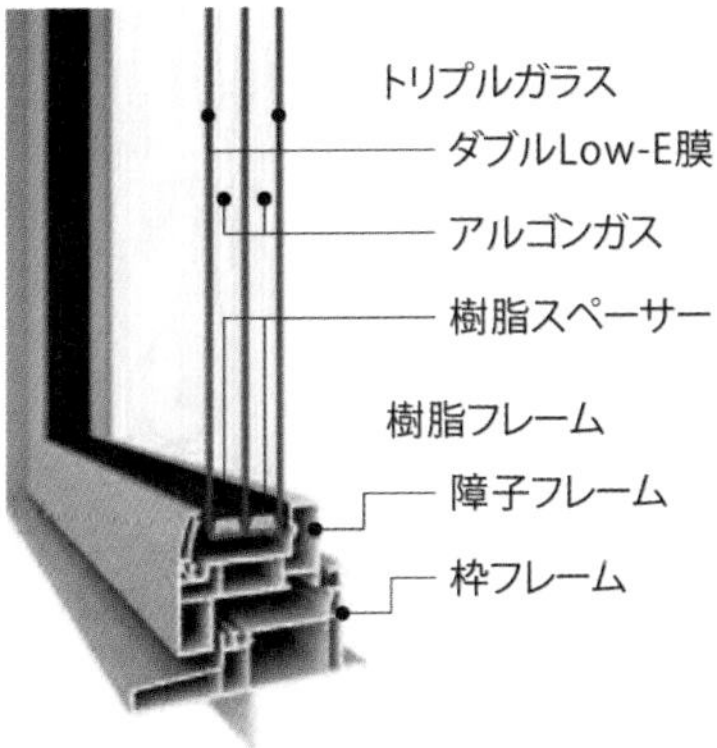

※3 防火・準防火地域の場合は、
防火サッシに変更になる場合があります。

■安定した床下温度を保つ床下断熱

玄関土間周り
土間断熱 押出法ポリスチレンフォーム
保温板 150mm

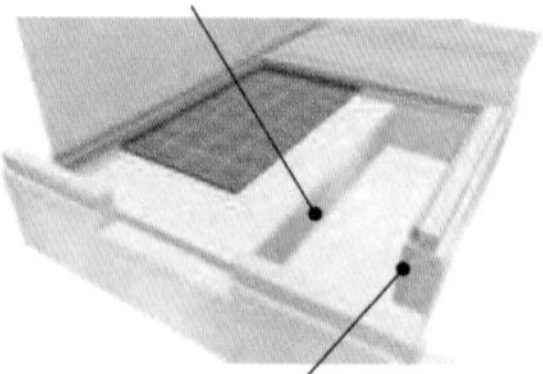

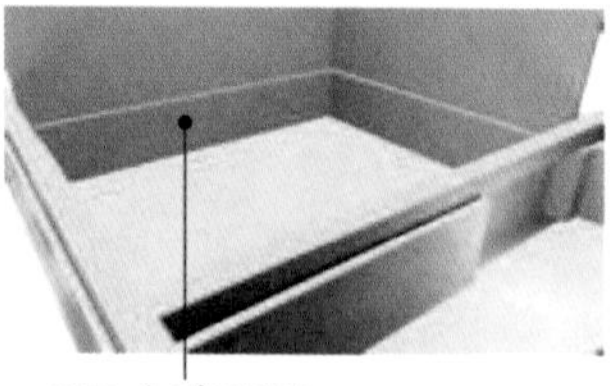

玄関土間周り
土間断熱 押出法ポリスチレンフォーム
保温板 50mm+50mm

ユニットバス周り
土間断熱 押出法ポリスチレンフォーム
保温板 50mm+50mm

■断熱・気密性能を高める壁構造

檜柱※2
構造用合板
外装材
通気層
フェノール
フォーム60㎜

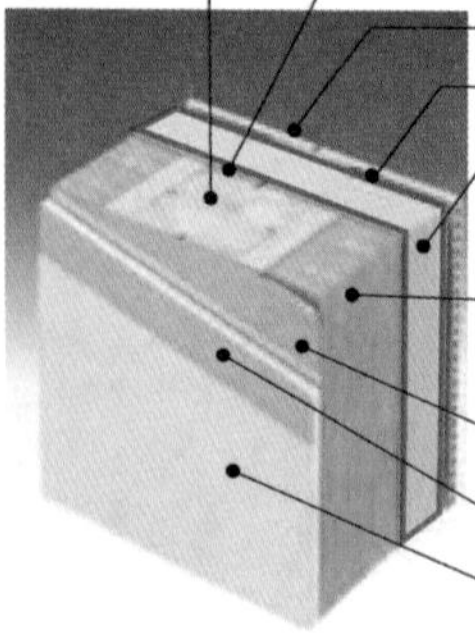

高性能グラスウール
20K 120㎜
気密シート
石膏ボード
内装材

※2 北海道仕様はプレミアム檜集成材。

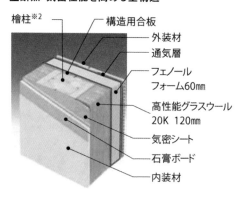

暖かい空気も逃げてしまいます。そこで窓を樹脂サッシ（熱伝導率はアルミと比べて約1／1000）に変更。さらに複層ガラスにしたのです（現在ではトリプルガラスを採用）。これにより、冬暖かく、夏は少しエアコンをかけるだけで涼しい、快適な住まいが誕生しました。この取り組みも、業界を先駆けてのこと。私たちは、これを北海道仕様に留めず、本州にもフィードバックさせていきました。

省エネ基準を先行する住宅性能を担保
大手検索サービスで断熱記事の上位表示を獲得

耐震性能を追求する過程で、当社は平成4年11月に、

■結露やカビを防ぐ、健康な暮らし
冬でも室内の壁面温度を高く保ち、結露やカビの発生を抑制。ぜんそくやアトピー性皮膚炎といった健康面での改善効果もしたいできます。

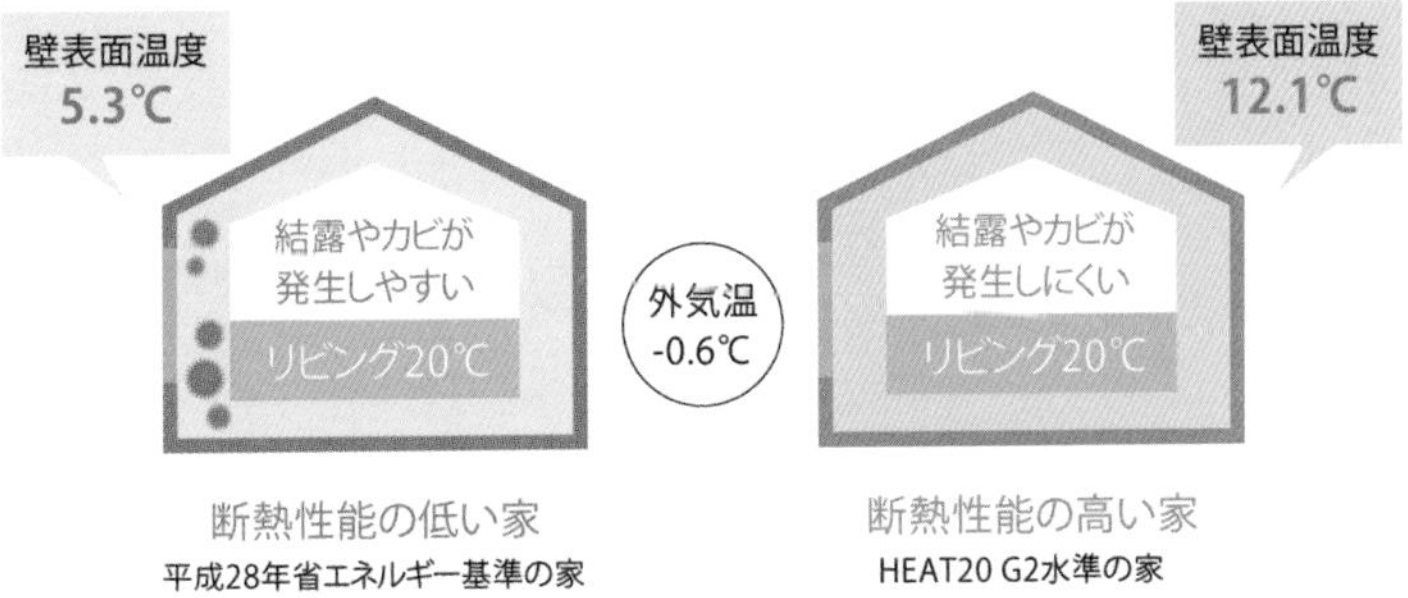

出典:HE AT20『2020年を見据えた住宅の高断熱化技術開発委員会』パンフレットより

これも他社に先駆けて、家を〝面で支える〟パネル工法（モノコック構造）を開発しました。この際、住宅の強さとともに大幅に向上したのが気密レベルです。

高断熱・高気密のレベルが上がると、重要になってくるのが換気です。この換気性能も同時並行で向上を図ってきました。小口径のダクト式熱交換換気扇なども検討しましたが、どうしてもダクト内の埃、塵のメンテナンスの問題について払拭することが出来ず、現在は「熱交換型ダクトレス換気扇」を採用しています。この熱交換型ダクトレス換気扇のメリットは、換気口に設置した蓄熱素材に熱や冷気を蓄え、室内に入る空気を適温にコントロールすること。外気温に影響されることなく、冷暖房で整えた快適な室温を保ってくれます。しかも、抗ウイルスフィルターで空気の汚れを浄化するため、クリーンな室内環境を維持することができるのです。メンテナンスが容易なダクトレスタイプなのも、メリットの一つと言えるでしょう。

また、当社はパッシブソーラーハウスの開発にもいち早く着手しました。パッシブソーラーハウスとは、動力を用いることなく、換気や通風、断熱性の向上、躯体に蓄熱させるなどの工夫を組込んだ建築手法のことで、コストに比べてその効果も高く、冷暖房負荷の低減により、エネルギー消費量、CO_2排出量等の抑制が期待される住まいです。昭和61年8月に「NEW-

TECHシリーズ」を発表。パッシブソーラーシステムはもちろん、ハイブリッド工法や防・遮音システム、高断熱・高気密テクノロジーなど、いまから35年以上も前により快適な住まいの実現に挑戦し、お客様にお届けしていたのです。

■NEW-TECHシリーズ

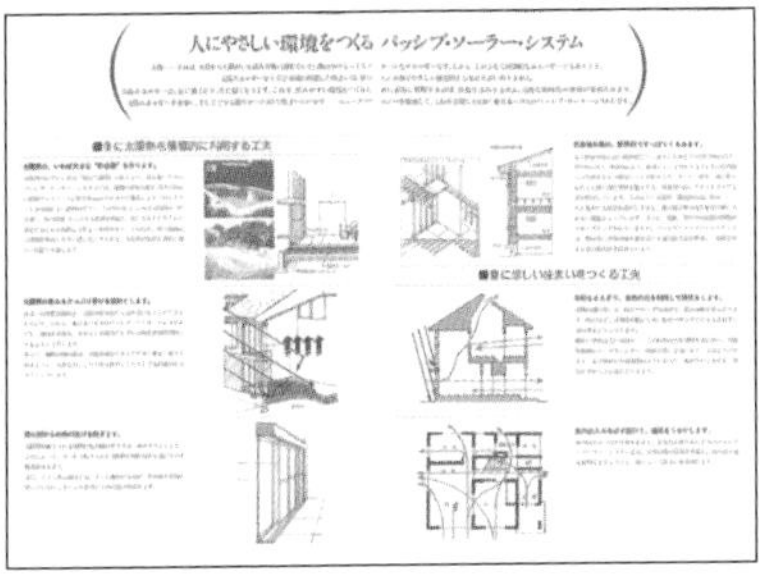

■熱交換型ダクトレス換気扇のメリット

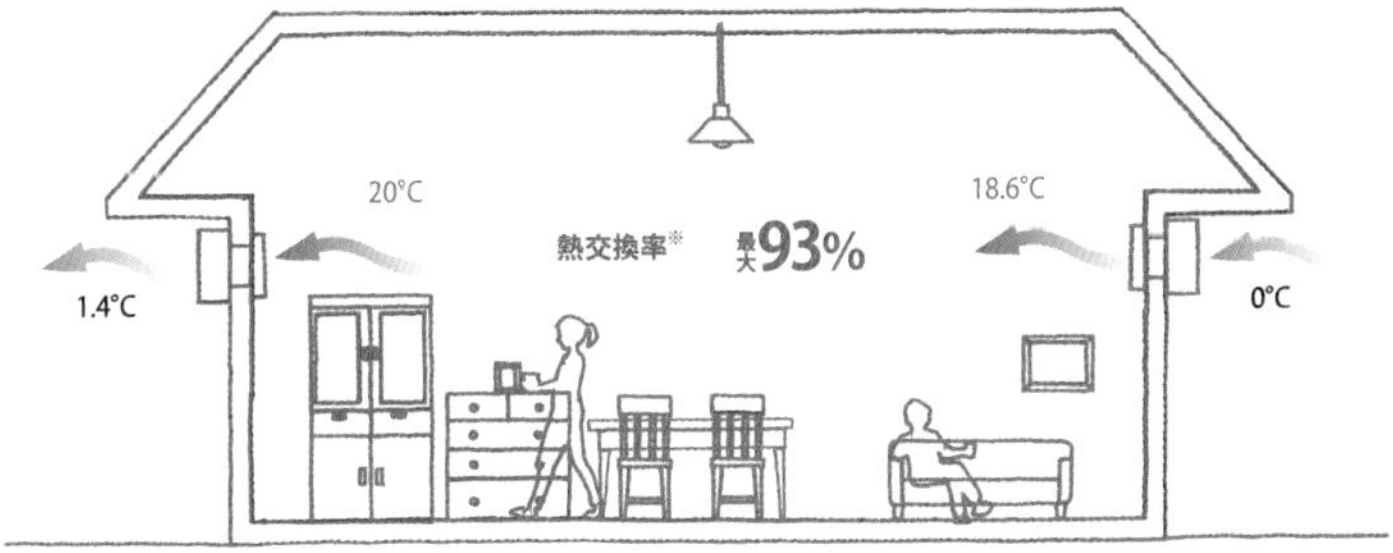

住宅性能には、国土交通省が定める「省エネ基準」というものがあります。昭和55年に制定され、その後、何度か改正・強化を繰り返してきました。これまでの日本の住まいの断熱の省エネ基準（平成28年改正）では、最高等級が4でした。しかし、国土交通省は2022年4月より等級5（ZEH基準）を、さらに戸建住宅が2022年10月より、2023年5月には、共同住宅等も等級6（省エネ基準比　エネルギー消費量▲30％）、等級7（省エネ基準比　エネルギー消費量▲40％）を新たに追加・施行しました。

私たち日本ハウスHDは、省エネ基準よりも先行する形で高断熱・高気密性能を向上させてきました。最高等級4を超える開発・販売も、いち早く取り組んできた歴史を持ちます。そしてさらに、住宅性能向上への挑戦は留まることなく進行し、国土交通省による新たな省エネ基準制定よりも2年も前から、等級5、6、7性能の商品を開発・発売済みなのです。今、ようやく他社が後追いで等級6、7の商品の開発に着手しているようです。

ではなぜ、私たちがこれほどまでに住宅性能向上にこだわり、取り組み続けているのか。それは、「エネルギーを使わない家をつくりたい！」という強い思い、意思があるからです。それが現在の商品である、「環境にやさしい脱炭素社会の住宅　日本の森林を守る　檜木造住宅　高

「断熱高気密ゼロエネの快適な家」というわけです。高断熱・高気密によってもたらされた「脱炭素社会の住宅—エネルギー使用量を半減させる家—」は、現在、大手検索サービス（Ｇｏｏｇｌｅ検索）において、住宅会社の中で断熱の記事は上位表示（高い評価）されている事実からも、高く評価されていることが裏付けられています。

■「東日本ハウスの決意」
全商品に太陽光発電システムを標準装備の新聞広告

パネル生産の第1号工場の誕生

日本ハウスHDが柱や梁の間にパネルを取り付ける工法、いわゆる軸組パネル化工法に着手したのは平成2年ことです。その後、多くの実験や改良を重ね、平成4年11月に他社に先駆けて工法を完成させました。

パネル生産工場は、工法完成に合わせて建設。第1号工場は、南東北の支店に軸組材を供給していた東北プレカットワークスに、床面積約600坪の当時としては規模の大きい工場として完成しました。独自に開発した生産ラインによって、床・壁パネルを常時、月産50棟分という生産能力を有しました。

■住宅の断熱等性能の新旧および参考等級

	等級	基準	UA値(4地域)
世界的参考基準		パッシブハウス相当水準	≒0.20
新設基準	等級7	HEAT20 G3 相当	≒0.23
	等級6	HEAT20 G2 相当	≒0.34
新設基準	等級5	ZEH外皮水準 相当	0.60
旧基準	等級4	H28省エネ基準外皮水準 国の省エネ基準(2025年～義務化)	0.75
	等級3	H4省エネ基準外皮水準	1.25
	等級2	S55省エネ基準外皮	1.47
	等級1	無断熱水準(S55水準以下)	

気密性能やソーラー住宅では、日本で一番歴史があるハウスメーカー

気密性能向上についての挑戦・歴史は前述のとおりですが、「ゼロエネ品質」において避けて通れない課題が「エネルギーの自給自足」です。クリーンで無尽蔵な太陽エネルギーの活用は、化石燃料の代替エネルギーとして、地球環境問題解決策として、ずいぶん前から注目を集めていました。

日本で初めてソーラー住宅を開発したのが、日本ハウスHDと聞いて驚く方も多いことでしょう。当社では、平成3年6月に京セラ株式会社との共同開発プロジェクトを発足させ、ソーラーエネルギーの積極的利用を推進してきました。そして滋賀県八日市市（現東近江市）の京セラ八日市工場敷地内にて環境共生型ソーラーハウスが完成。日本ハウスHDがソーラーハウスの設計・施工および住宅性能向上の開発を担当し、京セラ株式会社のソーラーハウス導入システム・機器開発と融合させることで、住宅エネルギー負荷の80％以上を太陽エネルギーに依存できるソーラーハウスを誕生させたのです。

住宅性能で言えば、当社が独自に開発した木造軸組パネル工法と、高断熱・高気密施工技術を組み合わせることにより、当時の一般住宅と比較して断熱性能が約3・2倍、気密性能が約12倍の高性能な省エネ住宅を実現させました。

この環境共生型ソーラーハウス実証棟の開発および木造注文住宅ソーラーハウスとしては、わが国初の「新商品・系統連系ソーラーハウス」の発売の記者発表が、平成5年6月30日に行われました。その後も、太陽光発電システムの可能性に注目し続け、オプションにて提供を開始するのです。

■ソーラーハウス実証棟

東日本大震災を機に、太陽光発電システムを全商品標準搭載

私たちが、さらに「ゼロエネ品質」への取り組みを加速させたのが、平成23年3月11日に発生した東日本大震災です。東北地方を中心に甚大な被害がもたらされると同時に、福島第一原子力発電所の事故が起こってしまいました。ライフラインが寸断し、多くの方々が長期にわたる避難生活を強いられたことは、まだ私たちの新しい記憶として刻まれています。

当社は、国土交通省からの要請により、創業の地である岩手県の沿岸地区において計100戸の応急仮設住宅の建設を担当しましたが、それと同時にこの時、「ハウスメーカーとして、私たちは何をすべきか」を自問自答したのです。原発事故の原因などを調査する中で行き着いたのが、エネルギーの自給自足。「エネルギー自給自足の家」をお届けすることが、住宅会社の使命であると考えました。

早急に関係各所へ交渉を重ね、太陽光発電システム供給コストを調整。それでも利益への影

響は出るものの、「価格据え置きで全商品太陽光発電システム標準装備（※1）」を平成24年3月25日に発表したのです。

※1：現在は、「シェアでんき」による無料設置サービスと「3Sシステム（蓄電池＋太陽光発電）」（オプション販売）に変更

もちろん、全商品標準装備はあくまでもスタートラインです。最終目的はエネルギーの自給自足ですから、やるべきことはまだまだたくさんありました。でも、この時に、私たちがこれから向かうべき方向性がはっきりとしたわけです。断熱性・気密性をさらに高めることで、冷暖房に使用するエネルギーを最小限に抑える住まいをつくること。まずは「半減」を目指し、先ほどお話ししたように、国土交通省に先駆けた省エネルギー性能を有する住まいを開発したのです。

■シェアでんき

「シェアでんき」をご利用いただくと、太陽光発電システムが無料で設置できます。

※設置から10年間の設備所有権は（株）シェアリングエネルギーとなり、10年経過後に無償譲渡されます。また契約期間中は蓄電池の設置はできません。画像はイメージです。

シェアでんき

ちなみに、平成24年7月より、国はＦＩＴ（再生エネルギーの固定価格買取制度）をスタートさせます。また、平成26年4月より、ＺＥＨの導入・推奨を掲げますが、どちらも当社は、それよりも先に動き出していました。常に一歩先を見据え、お客様のために何ができるのかを考えながら、即実行に移してきた住まいづくりこそが、私たち日本ハウスＨＤの歴史そのものなのです。

今後も、さらなる改良・研究開発は進みます。いずれは半減ではなく、住宅にかかる使用エネルギーをすべて賄えるだけでなく、プラスになる（売電による収益）家を目指します。現在、ソーラーパネルや蓄電池の設置をパッケージでご提案する、３Ｓ（Ｓｅｌｆ-Ｓｕｆｆｉｃｉｅｎｔ Ｓｙｓｔｅｍ：自給自足）システムをオプションで用意していますが、さらに蓄電池の性能向上および価格低下が進み、電気自動車がもっと普及すれば、未来の住宅は「ＶｔｏＨ（Ｖｅｈｉｃｌｅ ｔｏ Ｈｏｍｅ）※２」に移り変わっていくことでしょう。

※２：ソーラー住宅と電気自動車（ＥＶ）や、プラグインハイブリッドカー（ＰＨＶ）がつながる住まい。自動車のバッテリーに貯めたエネルギーを家庭用電力として利用できるシステムのこと

これから家づくりを考える方への提言
新しい**脱炭素の住宅基準**を先取りの重要性

これからの3つの課題

①脱炭素社会転換による法改正エネルギー価格の高騰が続くか!
②感染症の拡大防止に起因するインフレにより食料や資材価格も高騰!
③海外の紛争など 将来の出費・暮らしの先行き不安

エネルギー使用量を減らす=**高断熱(UA値)・高気密(C値)**の家

一般住宅 UA値0.87

高断熱・高気密住宅 UA値0.25

高性能な家を手に入れよう

光熱費 **277,000円**/年
エネルギー使用量 **大**

光熱費 **118,000円**/年
エネルギー使用量 **小**

断熱性能の違いで年間159,000円の差!

人生100年時代! 電気代も高騰! 少しでも早く建てた方がお得!

仮に30歳で新築、60歳で30年暮らすと光熱費差額が
159,000円×30年≒477万円+αの差!

※今後の電気代の価格上昇分を見込まずに算出

健康に暮らせる家は?「**超高断熱・高気密住宅**」

※H28年断熱基準レベル(UA値0.87)目安

※HEAT20 G2レベル(UA値0.26以下)目安

自然エネルギーや蓄電池で
エネルギーを自給自足

電気代高騰への対応はもちろん、万が一のときも、エネルギーを自給自足できれば安心だ。太陽から電気をまかない、住まい全体のエネルギー収支を実質ゼロにする、ZEH（ネット・ゼロ・エネルギー・ハウス）も実現できる。

太陽光発電システム

蓄　電　池

VtoH機器

車の
蓄電池を
利用

設定条件
神奈川県 南向き 屋根3寸勾配 積雪無 4人家族 電気代18万円/年
太陽光発電システム7.5kW、蓄電池7.04kWh

太陽光発電システムのみ

電気代
18,024
円／年

太陽光発電システム
＋蓄電池の場合

電気代
▲36,246
円／年

お金が戻ってきます!

シミュレーションの
建物は同一断熱仕様として算出

■地球環境を守る取り組み

ZEHビルダーとして、国が目指すZEH普及を推進

日本ハウスHDは、経済産業省による「ZEHビルダー」に登録。ZEHを建てる際に各種補助金を受けることができます。

ZEH性能を超える家づくりへ

日本ハウスHDは、健康・快適で環境にやさしい住まいを目指す「一般社団法人20年先を見据えた日本の高断熱住宅研究会(HEAT20)」に加盟しています。

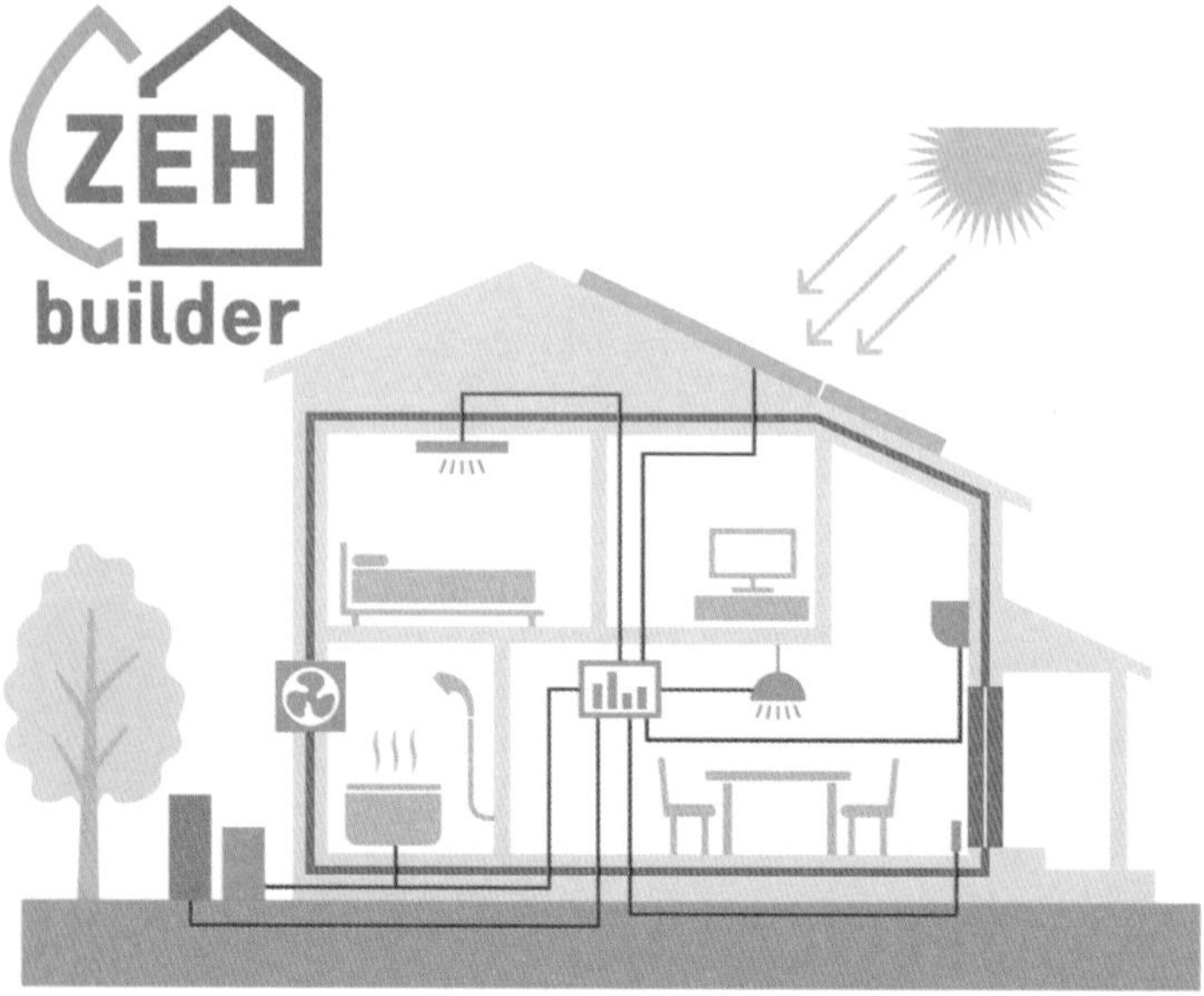

■3Sシステム
〈蓄電池〉太陽光発電でつくった電気を蓄えながら、ライフスタイルに合わせて効率よく使用できます。

晴天の日の一例

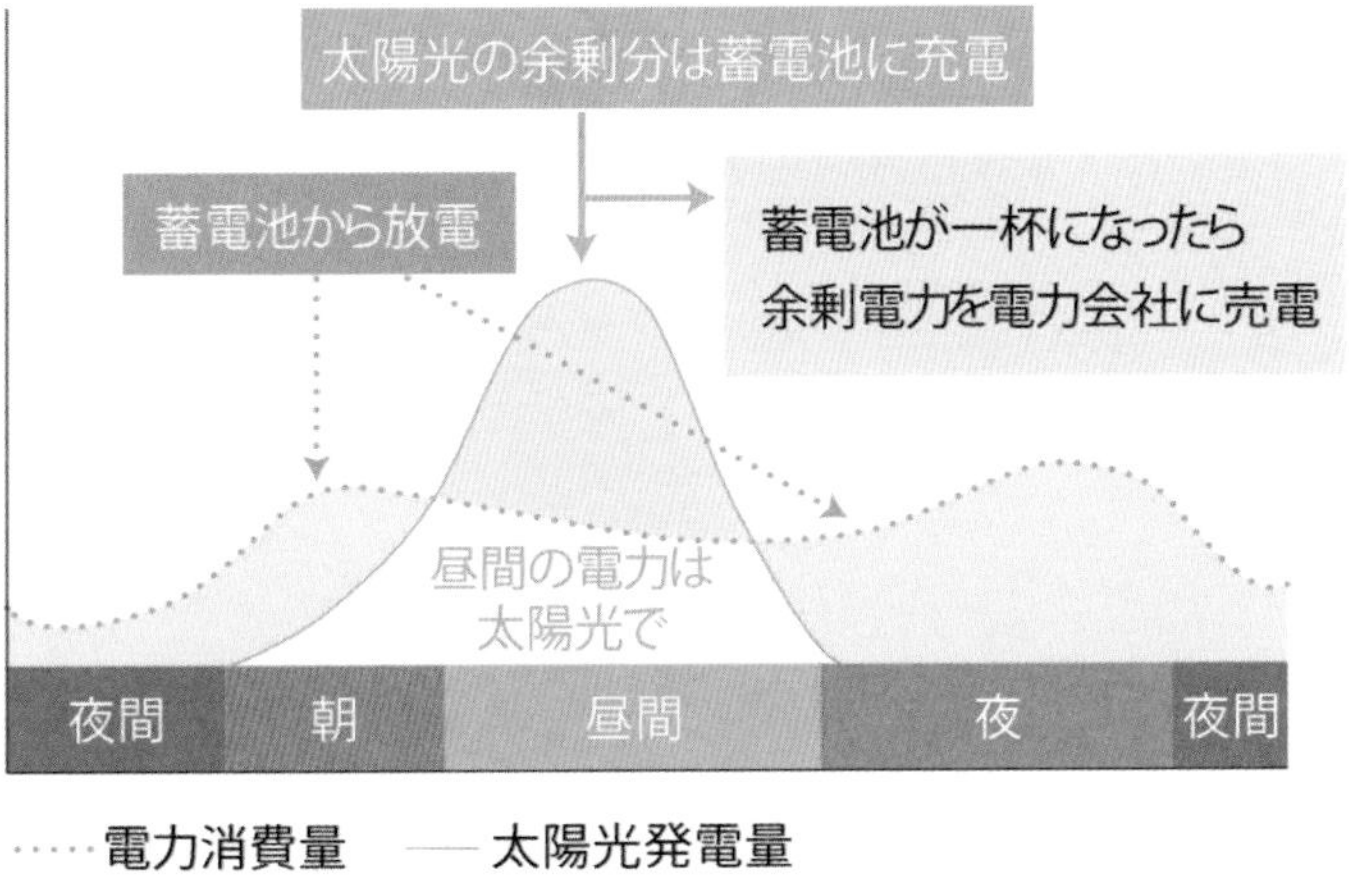

第三章

「快適品質」について

～安心・安全・快適な暮らしを
24時間対応コールセンターなど、すべてはお客様のために～

将来の介護を見据えて1メーターモジュールを導入

ここまで、住まいの性能について、「檜品質」「ゼロエネ品質」とご説明してきましたが、やはり家と言うものは心地よく、快適でなければなりません。「家に帰りたい」と思える住まいでなければなりませんし、それは長く、一生そう思える場所であるべきです。もちろん快適という言葉の中には、安心・安全ということも含まれます。

3つ目の品質として「快適品質」を掲げているわけですが、これも当社が長年にわたり、追求し続けてきたことです。どれもが同時並行的に進んでいますので、まずは「1メーターモジュール」の全国統一からお話ししたいと思います。

モジュールというのは、建築材料の基準寸法、基準単位のことです。当社が1メーターモジュールを採用する前は、施工エリアによって尺モジュールや京間モジュールなど、ばらばらでした。

これは当社に限らず、他社でも同様だったと思います。中でも尺モジュールは、大工さんに染みついているもので、木造軸組工法を採用する住宅会社では、ある意味常識でした。ちなみに現在も尺モジュールの家は、全体割合で見れば多くを占めています。

私が支店長をしていた当時、1メーターモジュールの統一を提案しました。それには、2つの理由が存在します。一つは、日本が高齢化社会を迎えていたこと。そう、介護の問題です。尺モジュールだと廊下に車いすは入りませんし、介添えをしながら歩くのも困難です。でも、1メーターモジュールなら、それがラクにできます。廊下や階段の幅が尺モジュールと比べ、わずか9センチの違いなのですが、ゆとりがあり、廊下で家族とすれ違う時も、身をかわす必要がない。階段も窮屈さが感じられず、すごく快適なのです。暮らしにおいて一番大事なのは家族みんなが仲良く、安心・安全に暮らせることです。同時にバリアフリーなど、ユニバーサルデザインの導入も提案しました。

もう一つの理由は、プレカット工場の生産性の向上です。1メーターモジュールに統一する前は、モジュールがばらばらだったため生産性が悪く、それは価格に跳ね返っていました。1メーターモジュールに統一すれば生産性はアップし、価格も抑えられるようになる。お客様にとってどちらがいいでしょうか？　尺モジュールにこだわるお客様は、どれほどおられるでしょうか？

しかし、私の提案に対し、各地の店長は大反対。あえなく却下されました。理由は、地方には地方の家の建て方があるだの、大工が困るだのといった些末な理由です。ぜんぜん話が進まないので、私が社長に就任した翌年の平成14年に、鶴の一声で1メーターモジュールを導入しました。

当時、反対した店長は、自分都合でしか考えていなかったのだと思います。お客様の立場になれば何が必要か、どんな判断が重要なのかがおのずと見えてくるものです。こういった出来事は、この前後にもたくさんありました。それは我々の反省でもありますが、同時に快適品質向上への道のりでもあったわけです。

■安心とゆとりをもたらす、1メーターモジュール

住いの基本寸法に「1メーターモジュール（1,000mm）」を採用。一般的な「尺モジュール（910mm）」よりもスペースが広がり、毎日の暮らしに安心をもたらします。

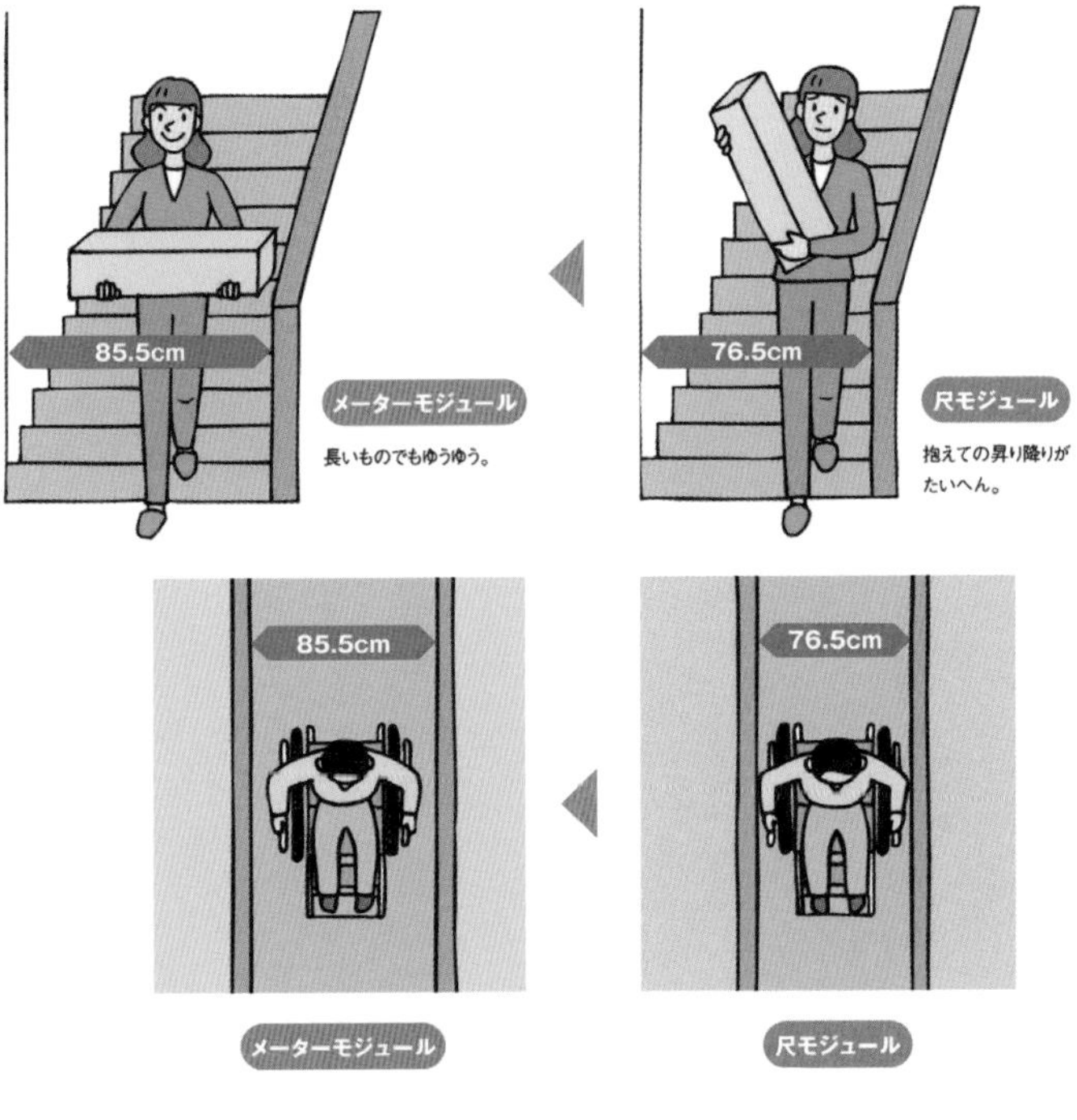

「直営工事」体制を導入
専属の棟梁・職人が責任施工する

当社の家づくりの特徴の一つとして、「直営工事」というものがあります。契約をいただいた後、図面引きから資材調達、施工までを一括して引き受ける体制を整えており、当社専属の棟梁・職人が責任施工します。

一般的なハウスメーカーの場合、施工は下請け業者に任せます。しかし、それではつくり手の顔が見えません。お客様とのコミュニケーションも希薄になりがちで、結果、クレームや満足度の低下を引き起こしてしまいます。

当社は、創業当初から「実際に物を造っている産業の中で、社員がいないのは建設業くらいではないか。本当によい家を造り、お客様に尽くすには、住宅会社の社員だけではどうにもならない。家は職人が造るものだ。そうであるなら、職人一人ひとりが会社と一体になり、会社の考え方を理解し、会社を信じ、誇りに思うようなシステムが必要ではないか」と考えていました。そこで昭和53年に準社員的な組織である、職人による「東友会（現日盛会）」を発足させたのです。その後、東友会では、職人ボーナス制度、退職金制度、互助会制度などを次々と整備し、日本ハウスＨＤの一員、ワンチームとしての絆を深めています。前述の感謝訪問に職人方も同行するのは、高品質・責任施工を掲げ、貫いているからなのです。

大事なのは信義則
業者会の強化にも着手

もちろん、初めからスムーズに施工体制が整ったわけではありません。施工エリアが広がるほどに職人の数は必要になり、管理・教育が行き届かない部分もありました。私が平成７年に取締役首都圏ブロック長と横浜支店長を兼ねていた時、正直なところ、横浜エリアの施工体制はあまりよくありませんでした。結果として、お客様のクレームも多く、修繕・再施工に備えて積み立てていた資金も足りなくなるほどだったのです。

そこで抜本的な改革を断行することにしました。職人を集め、こう告げたのです。「今までの不備はもう問わない。修繕費用もすべて当社が負担する。だけど、今後は絶対に許さない。積立金もあなたたちの負担分は倍増させる」と。信義則の徹底です。約束したことは守る。当たり前のことを当たり前にする。できなければペナルティ、退場も辞さない。それらを徹底することで、驚くほど改善は進みました。

次に目を向けたのはお客様です。わが社が存在するのは、わが社で建てていただいたお客様がいらっしゃるからであり、その感謝の気持ちを素直に表そうではないかと考えたのです。そこで、お客様とともに運動会やイベントを行う「お客様感謝祭」を実施しました。これが大好評となり、その後、全国の支店へと広がり、現在も毎年1回、行われています。また、契約いただいたお客様にお花をお贈りする「バースデーフラワー」の実施など、アイデアが浮かべば、即実施するように心がけています。

「感謝訪問」を実施し、お客様の声を拾い続ける

当社では、「感謝訪問(ホームドクターシステム)」というアフターサービスを実施しています。

これは、住まいがある限り、見守り続ける日本ハウスＨＤならではの仕組みです。お引き渡し後、５年目までは年2回、６年目以降は家があるかぎり年1回訪問させていただきます。担当営業スタッフだけでなく、家づくりを担当した職人も同行し、お困りごとがないかを伺うのです。この仕組みの導入・強化も、私の経験から推進しました。

私が新人時代、住宅業界全体が「取りっぱなし、やりっぱなし」状態でした。契約して建ててしまえばアフターフォローなんてしない。お客様のところに「住まい心地はいかがですか？」なんて顔は出さない。それが鉄則で、先輩からも「建てた後に、顔を出す奴があるか！」なんて怒られたものです。顔を出せば何かしらのアフターサービスが求められ、クレームも言われる。それに対応していたら、時間が取られる。それよりも新しい契約を取るほうが効率的だ、というわけです。

でも、それは根本的におかしい。私は先輩の声に耳を傾けず、勝手に引き渡し後の訪問をするようになりました。行けば、必ずと言っていいほどアフターサービスが発生し、クレームもいただきました。でも、何件かそれを重ねているうちに、大したご要望ではないことに気づきます。「ドアの開け閉めがちょっとスムーズじゃない」とか、「水道管から少し水が漏れている」

とか。それらを職人さんにお願いしようとしたら、これはまた嫌な顔をされるので、修繕の仕方を聞いて、余っている工具を借りたり、もらったりして、工具箱持参でアフターフォローに行くようになったのです。

その場で修繕して差し上げたら、すごく喜んでくださいました。すると自然に信頼関係が築かれて、お客様からの紹介がどんどん増えていったのです。手前味噌ですが、私が生涯受注実績棟数532棟を数え、また、支店長になってからは、私への紹介が250棟を超え、私の紹介担当の営業部署が出来たほど、当社ナンバーワンの数字を残せたのも、たくさん紹介をいただいたからに他なりません。こういった経験が、感謝訪問の制度化につながるのです。また、

■感謝訪問（ホームドクターシステム）

「実践躬行」「報恩感謝の心」の重要性も学びました。このことは、企業理念にも反映させています。

お客様相談係を設置
リフォーム部門もスタート

平成15年、カスタマーレディ（お客様相談係）を創設しました。背景としては、お客様を担当する営業スタッフが異動したり、退職する場合もあるためです。そうなると、どうしてもお客様との関係が希薄になってしまいます。お客様相談係がフットワークよく訪問することで、お客様により安心していただけるようになりました。

すると、私が工具箱を持ってアフターフォローに回った時のように、お客様がすごく喜んでくださる。紹介はもちろん、10年以上経ったお客様になると、リフォームの相談もしてくださるのです。そこでリフォーム部門もつくることにしました。感謝訪問で9年目までは担当営業（お客様相談係）がお伺いしますが、10年目以降になると品質上、無償対応が難しくなってくるため、リフォーム部門にバトンタッチする仕組みにしたのです。リフォーム部門ができたことで社員の活躍の場が広がったことも、当社にとってはプラス要素となりました。より適材適所の人員配置ができるようになり、成果が上がると給料もアップします。社員がワクワクして働ける環境づくりを進めることができたと感じています。

メンテナンス・リフォームデータを管理
履歴が揃っているから、売却時も高く売れる

感謝訪問やアフターメンテナンス、リフォーム対応によって得たデータは、すべて本社のデータセンターで管理しています。このことにより、いつでも一邸ごとの履歴を閲覧・出力することができるのです。履歴があれば家を売却する際に高く売ることができますし、買う側も安心です。もちろん買った方は、日本ハウスＨＤのお客様としてデータを引き継げます。アフターサービスも同様に受けられます。

平成16年、「宿泊体験展示場」の全国展開を図りました。これは『Ｈｉｎｏｋｉ Ｐｌａｚａ

埼玉』のご紹介の際にも少し触れましたが、その名の通り、展示場で宿泊体験できるというもの。宿泊（生活）することで、日本ハウスＨＤの家がどのように心地良く、機能的につくられているのかを、実感していただくのです。服なら試着できますし、車なら試乗できるのに、なぜ家は買う前に体験できないのか。そんな思いから着想し、カタチにしました。お客様に安心して契約を結んでいただこうという取り組みとして、今も行い続けています。

このような安心・安全な品質を担保し、ご提供することが評価されているのでしょうか。当社の新築契約の18％が既客紹介となっており、リフォームに至っては金額ベースで90％、件数ベースで70％が既客紹介です。

～リフォームによる、新しい豊かな暮らし～

●リフォーム施工例

古民家再生

外壁塗装（ガイナ）

太陽光発電システム設置

増築

和室から洋室

造作浴室からユニットバス

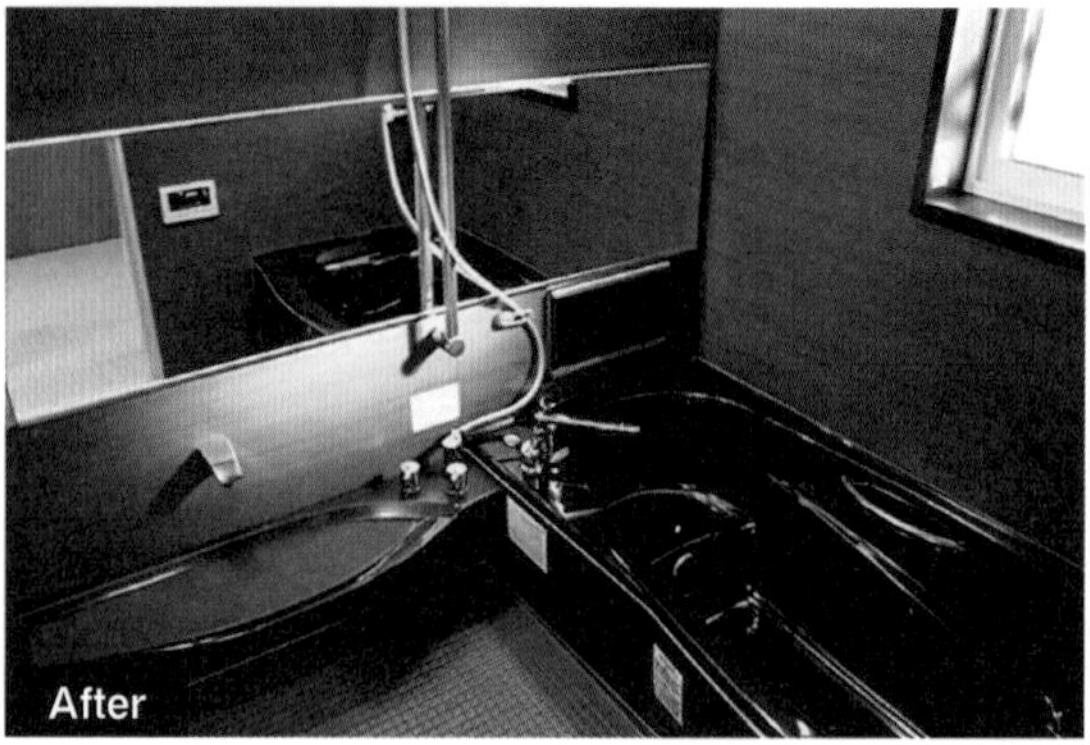

LDKトータルリフォーム

ウッドデッキ交換

～さらなる快適・安心を求めて オリジナルタイル開発、冷暖房標準装備など、いいものを次々と採用～

中国にてオリジナルタイルを開発 外壁保証35年間を実現

「快適品質」と聞けば、住まい心地に意識が行きがちですが、建物の美しさやメンテナンスにかかる労力・コストを抑えることも、快適な暮らしに繋がります。そこで着目したのがタイル張りの家。タイルは見た目が美しく、高級感も生まれます。また、外壁材で主流のサイディングは5～10年経つと劣化が表れはじめ、10年程度で外壁塗装しなければならないのですが、タイルはほとんどメンテナンスを必要としません。「快適品質」としては打ってつけなのです。

しかしながら、タイル張りの家はどうしても価格が高くなります。そこで中国で生産できないかと考えました。オリジナルタイルを開発すれば、他ハウスメーカーとの差別化も図れます。

そこで当時、在籍していた中国人スタッフとともに、私自身が中国に渡り、交渉を開始したのです。

交渉はもちろんのこと、開発は難航を極めました。最初に出会ったタイルメーカーは、日本の大手窯業メーカーが生産指導するものの、いくらやってもねじれが生じてしまいます。プレスの弱さが主な原因だったため、再び中国中を奔走し、別のメーカーを探しました。そして出会ったのが福建省の「豪山建材公司」。しかし、そこも同じ問題にぶつかります。元をたどれば、中国には家をタイル張りにする文化はなく、製品のほとんどを欧米に輸出していました。欧米は日本ほど品質にうるさくなく、多少のねじれは許容されていたのです。しかし、日本、もっといえば日本ハウスＨＤの家ではそうはいきません。何度もトライしてはエラーの連続。日本の指導員も頭を抱えてしまいました。

そんな時、私は不良品を眺めていて、あることに気づいたのです。「これは日本の規格より、寸法が長いのではないか？」。そこで日本のＪＩＳ基準の寸法で製造させたところ、要求品質に収まったのです。課題は一気に解決し、その後にはちゃんとＪＩＳ規格も取得できました。

ですが、オリジナルタイルですから、さらに私は妥協しませんでした。彼らがつくるタイルは、出隅の役物部分が甘いのです。日本のタイル（あとはドイツ）は、角がぴったり45度。そのように仕上げろと言っても面倒だとか、コストが上がるとか、機械がないとか抵抗するばかりです。そこで最終手段です。「私が必要なドイツ製のカットソーをプレゼントするから、下請けにやらせてもいいのでやってくれ」と。そんなマシンをくれるならと、彼らは喜んで引き受けてくれました。

それからも「製造の前に金を振り込め」とか、丁々発止のやり取りが続きました。こちらも引くことはできないので、「いいか、香港でコンテナに積み込む前に、私が検査をする。そこでＯＫを出したら、金を振り込んでやろう」と。今思い返せば、こんなたいへんなこともいい想い出です。

こうして、１０００ｔ以上のプレス機で成形し１２００度

■住まいのメンテナンス・トータルコスト

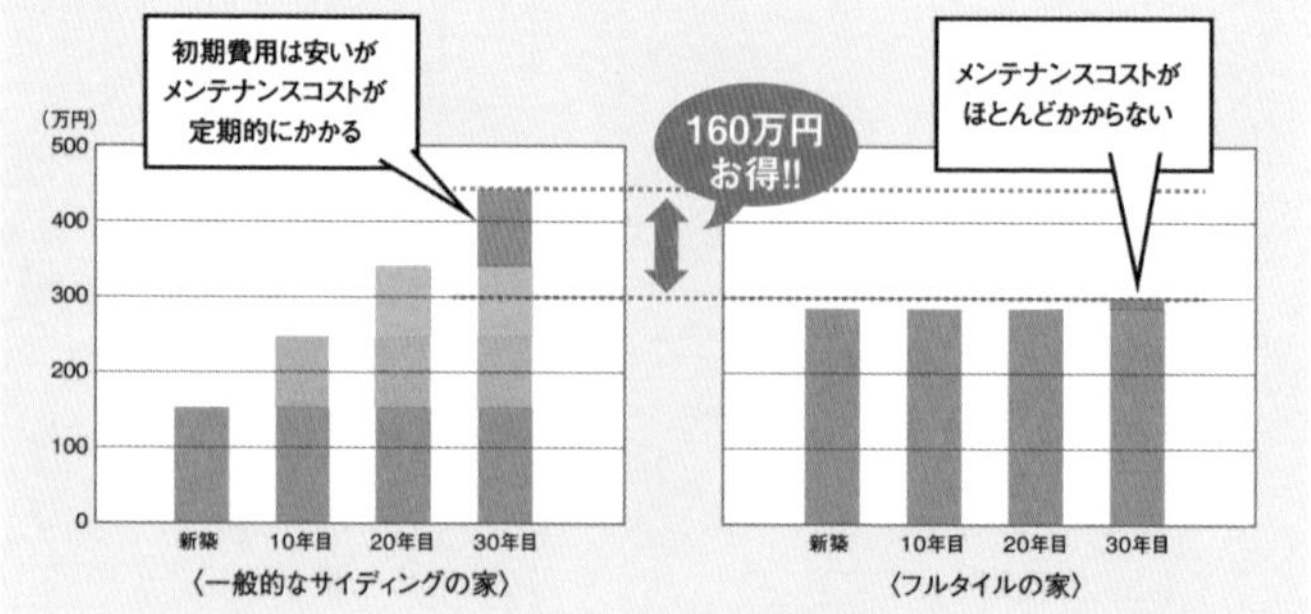

で焼き上げる、密度が高く、吸水率、材料強度も優れた性能を持つタイルが供給できるようになったのです。平成17年に「本格タイル張りの家」をキャンペーン商品として開発・販売。翌平成18年には、オリジナルタイルの家を本格的に発売開始しました。

中国との取引はカントリーリスクがあり、人も一筋縄ではいかないと言われます。もちろん、それも一理ありですが、要は付き合い方の問題だと感じています。当社と取引することで、彼らは今では中国で5本の指に入るタイルメーカーになりましたし、日本向けのタイル輸出では、日本ハウスHDが一番の取引量です。ですから、何か問題があったとき、中国人は保証なんて一切しないと言われますが、当社に対しては不良品があればすべて取り替えてくれ

■火に強く、優れた耐久性・耐水性

防火機能を備えた厚みのあるタイルは、万が一隣家で火災が発生しても、延焼被害を最小限にとどめることができます。

■35年間メンテナンス不要

一般的なサイディングと比べて経年劣化が少なく、メンテナンス費用を抑えることができます。保証期間は業界最長クラスの35年です（ベランダ周りなど、10年ごとの防水メンテナンスが必要となります）。

ます。毎年の契約更新時には当社の本社を訪れ、近況を報告しあいます。とてもいい関係を結ぶことができています。

付き合い方という点では、タイル張りの施工会社との交渉も印象に残っています。戸建て建築の場合、外壁施工が年間100件あれば、そのうちタイル張りは2、3件ほどしかありません。そうなると、どうしても施工費は高くなってしまいます。さらに私たちは、お客様のメン

■安心が続く、長期保証プログラム

独自の60年定期点検・診断プログラムを提供。毎年1回以上、感謝訪問にお伺いします。そして幅広い項目で点検し、必要なメンテナンス工事を実施します。
※10年毎有料メンテナンス条件付。※構造躯体60年保証とするためには、100年基礎の施工などの条件があります。

お客様のメンテナンスの目安時期	3カ月	6カ月	1〜5年	6〜9年	10年	15年	20年	25年	30年	35年	40年	45年	50年	55年	60年
屋根					スレート系仕上材再塗装推奨時期		主にスレート系葺き替え推奨時期								
外壁					主に吹き付け仕上材再塗装推奨時期		主に外壁材（サンディング）張り替え推奨時期								
内装（壁）							張り替え推奨時期								
給湯器				交換推奨時期		交換推奨時期		交換推奨時期		交換推奨時期		交換推奨時期		交換推奨時期	
その他設備給配管							交換推奨時期								

※このメンテナンススケジュールは標準的なもので、地域環境、使用頻度等により異なる場合があります。
※この60年保証システムは、長期優良住宅など一定の条件が必要です。商品・仕様により異なる場合があります。
※当社の指定する防蟻・防水の有償メンテナンスを行わなかった場合、構造躯体への蟻害や木部腐れは除外対象となります。
※3.5寸構造の場合は、35年保証になります。

テナンスフリーを掲げてタイル張りを採用するわけですから、一般的な湿式工法では、タイルの剥落や下地処理の甘さによるひび割れの可能性があるため、接着剤（セメダイン製　壁タイル用接着剤）による乾式工法を採用することにしました。外壁施工会社とは、「キャンペーンも積極的に行って、年間棟数の半分はタイル張りにする」と約束。施工費コストを抑えることができました。

こうして現在、日本ハウスのオリジナルタイルの家は、外壁保証35年間と言う長期保証を確立しています。「快適品質」は、こんな努力の積み重ねがあってこそ、実現できているものなのです。

24時間コールセンターの設置により、各地で起こる災害にも迅速に対応

平成16年には、「365日24時間対応コールセンター」を設置しました。これは「お客様最優先」の方針に基づいて開設したものです。たとえば水道のトラブルは、いつ起こるか分かりません。

でも、「平日昼間しか連絡がつかない」となると、生活に大きな影響が出てしまいます。

３６５日24時間対応コールセンターでは、お客様の住まいの相談のほか、台風や地震、水害といった災害時における緊急アフターなど、あらゆるニーズに対応しています。もちろん自社運営です。コールセンター立ち上げ時は、３６５日24時間待機しなければならないなど、組織運営に苦労するだろうと予測し、あえて厳しいルールと模範的な行動が取れる元自衛官の方々を採用。狙い通り、彼らはお客様ファーストの迅速で的確な対応をしてくれましたし、組織づくり、スタッフ教育にも力を発揮してくれました。

３６５日24時間対応コールセンターは、お客様からの問い合わせに対応するだけの〝待ちの組織〟ではありません。たとえば地震や水害などが発生した、または発生しそうな場合、コールセンターと支店が緊密に連携を取り、そのエリアにお住いのお客様に連絡を差し上げ、お困りごとや被害状況などを確認します。そして必要に応じ、社員が復旧作業のお手伝いに向かうのです。

先日、東北地方であった水害時も社員、そして日盛会の職人たちが伺い、掃除や後片付けをお手伝い。床下に潜って消毒を行い、些少ではありますがお見舞金もお渡ししました。もちろんこれら復旧状況は、本社のデータセンターに集められ、管理されています。

冷暖房標準装備
高断熱・高気密住宅だからこそ、少ないエネルギーで暮らせる

現在、日本ハウスＨＤは、「環境にやさしい脱炭素社会の住宅　日本の森林を守る　檜木造住宅　高断熱高気密ゼロエネの快適な家」を展開しています。断熱性・気密性を高めた住まいの空気を心地よくコントロールすることで、冬は暖かく、夏は涼しい室温に整えることができます。し、断熱性・気密性が高い分、エアコン効率が高まり、エネルギー消費（光熱費）抑制にもつながります。

日本ハウスＨＤの家は、「冷暖房標準装備」です。多くの住宅会社は冷暖房設備をお客様任せであったり、後付けで設定しています。しかし、私たちは「快適品質」を担保するため、寒冷

■全館暖房で温度差の無い快適空間を実現

寒くなりがちな窓際も、室内どこでも自然な暖かさ

PS-HRヒータは、一般的な暖房器具と違い、部屋の窓際や廊下・浴室・トイレなど、隅々まで暖めます。また、低温の放射は太陽の下で日向ぼっこしているような暖かさを演出してくれます。

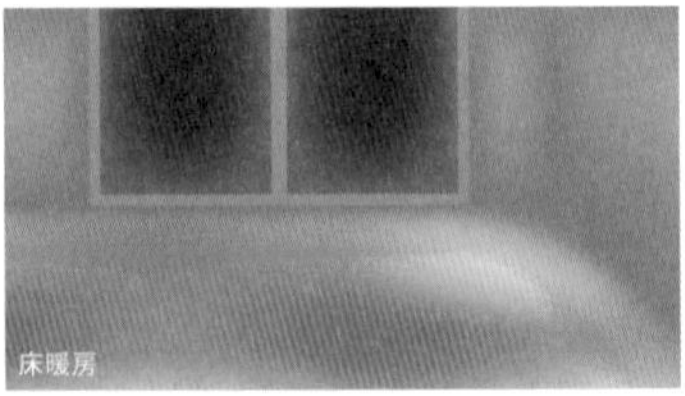

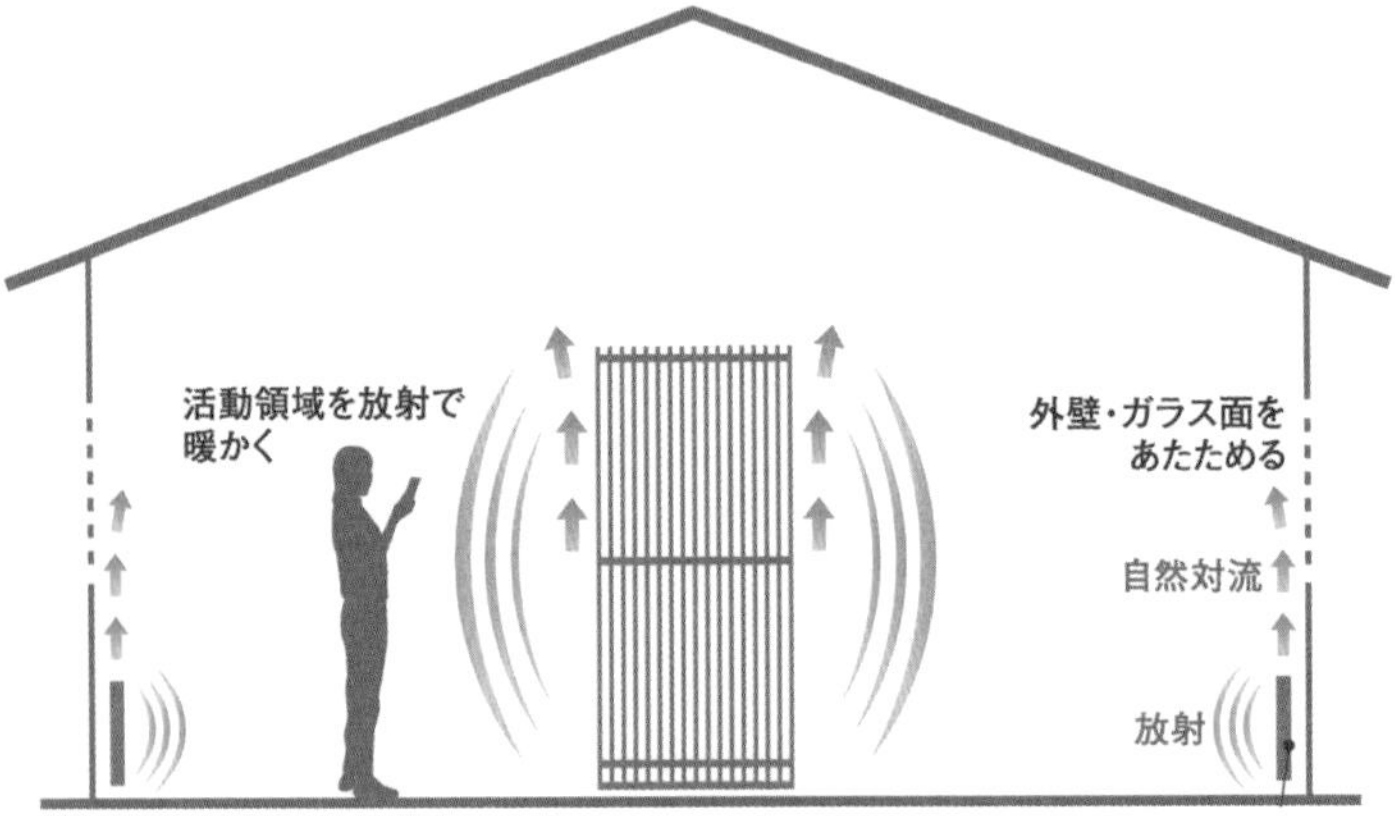

地では「セントラルヒーティング」を、一般地では「高効率エアコン」を設定。最適な室内環境となるよう、地域特性に合わせた空調設備を標準装備しています。

セントラルヒーティングのメリットは、次の3つです。

○健康（ヒートショックの防止）／家全体が均等に暖められ、暖かい室内と寒い室内の温度差を抑制。心臓や血管に大きな負担をかける「ヒートショック」を防ぐ

○安心（清浄な室内環境）／温水の放射熱は、火を使わないため、火災の心配がない。また、空気も汚すこともなく、清浄な空気環境を保つ

○自由（思い通りの空間設計）／温度のムラがない空間が、設計の自由度を向上。吹き抜けやリビング階段など開放的な間取りも、心地よい空気で満たす

一方、高効率エアコンのメリットは、次の通りです。

○簡単（ローコスト）／室内の温度が効率よく調整でき、光熱費を削減できる。また、空気を浄化しながら循環させ、室内を清浄な環境に。毎日の掃除も簡単

○安全（快適な室内環境）／暖房時も、ストーブやファンヒーターのように火を使わないため、

火災の心配がない。小さなお子様や高齢の方がいるご家庭も安心

セントラルヒーティングは、２０２１年に対象エリアを本州の寒冷地にも広げました。寒冷地以外ではオーバースペックとなるため全国導入は行っていませんが、一人でも多くの方々に心地よさと健康的な暮らしをお届けしたいという思いから、拡大を決めました。今後も、快適・健康を応援する設備があれば積極的に採用し、進化させ続けていきます。

おわりに

以上が、私たち日本ハウスＨＤ３つの品質です。いかがでしたでしょうか？　私たちがこだわり、追求し続けてきた「檜品質」「省エネ品質」「快適品質」の根底にあるのは、「お客様のしあわせづくりに役立ちたい」という思いです。

私たちは、日本ハウスＨＤファンを増やさなければ成長できませんし、生き残ってもいけません。でも、紹介が欲しいからと商品やサービスを開発・提供してきたわけではありません。

私が大事にしていることであり、お伝えしたいことは、〝ご縁をつなげる〟ことです。家がある限り、お客様の声を大切にする。それを今後も愚直に追い続け、みなさまに愛されるハウスメーカーとして研鑽を積み重ねていきたと心に誓っております。

ここに記した歴史やエピソードは、お客様はもちろんのこと、当社若手社員においても知らないことが多いと感じています。接客・ご説明する際、どうしても〝目の前の性能〟ばかりに頭がいき、スペック説明に終始してしまうことで、お客様に日本ハウスＨＤが持つ、そしてこだわる〝価値〟までお伝えできていないのは、大きな損失です。
檜になぜこだわるのか。エネルギーのかからない家への思いは、どこから来ているのか。そしてお客様の快適・安心・安全な暮らしのために、我々はどんな行動を取って来たのか。それぞれの原点をこの書籍で知ることで、家づくりへの思い、意識、行動がよりポジティブに変わることを願っています。

品質の高さを証明する、デザイン賞受賞実績

- ●グッドデザイン賞　3年連続11回受賞　18点
- ●キッズデザイン賞　11年連続受賞　31点
- ●ウッドデザイン賞　3年連続受賞　6点

日本ハウスホールディングス 商品の歩み

1971 大和ハウスの代理店から「木造在来工法」に会社へ

1979 9月 「耐震施工住宅」商品化

1983 1月 企画住宅「レジエ」の販売開始

企画住宅
「レジエ」の登場

1987 1月 「近代和風」のコンセプト確立

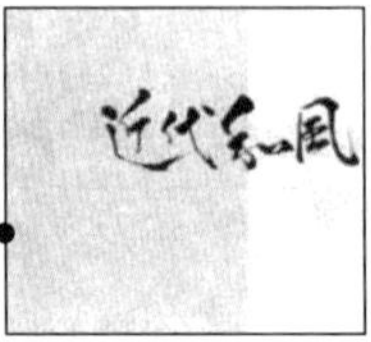

1990 平成2年「A-10」キャッチフレーズは「贅沢仕様、快適価格」

1992 9月15日に近代和風「やまと」の販売開始

「近代和風 やまと」の風格が見える木の家「やまと」

日本の木の家の味わい十分に生かした床の間

1993 わが国初の「新商品・系統連系ソーラーハウス」の販売開始

ソーラーハウス
実証棟

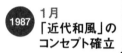

1998
9月
30周年記念商品「うらら」販売開始

1999
環境共生住宅「スーパーエコイズム」
コンセプトは、「木造」「自然素材」「創エネルギー」「快適空間」「フォルム」。厳しい設定基準をクリアするとともに、1メーターモジュール採用や建材一体型太陽光発電システム搭載など先進技術を駆使した環境共生住宅第1号商品。

2001

「日本の家 木の家 やまと」
木造注文住宅の代表ブランド名を「うらら」から再び「日本の家 やまと」に。

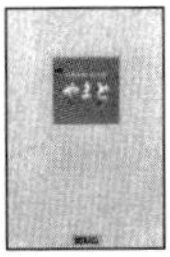

2002
新木造ボックスシステム
開発・実験研究

2003
1メーターモジュールの
標準化

1メーターモジュールの
新聞広告

2005
実大振動実験で
耐震性実証
「新木造システム」
「J・エポック工法」
つくば市の(独)土木研究所において、当社では初めて新木造システムで実施。翌年、J・エポック工法でも実施。

2005
新木造システム

2006 日本の家 木の家 やまと

2006/2007/2008「館シリーズ」

骨太百年の家、日本の家の真髄を求めた高級商品。
我社のフラッグシップ商品。
高級層対応、展示場開発商品としてシリーズ整備された。
開発時、「和の館」「欧の館」「時の館」の3タイプ。9つのバリエーションで展開。

2006/2007「華シリーズ」

和華

「日本の街並みに華を。」

ルール型注文住宅の主力商品として開発。発売時、6つのデザインコンセプト、12のバリエーションの外観デザインを整備し、顔の見える商品づくりを行った。現在では9つのデザインコンセプト、23のバリエーションと豊富なラインナップが整理。

2007「彩シリーズ」

彩ヨーロピアン

一次取得者向けに、ハイクオリティ、ハイコストパフォーマンス商品として開発。

4つのデザインコンセプトを用意。「館」「華」「彩」と価格帯によって3商品シリーズが揃う。

「J・エポック シリーズ」

2006/2007/2008

J-Zipangu TYPE I

徹底的なクオリティとハイコストパフォーマンスを追求したJ エポックホーム事業部の商品群。

開発時は、「ジパング」「ユーロ」「ベーシック」「スマート」「アベニュー」「ビークル」、21の外観バリエーション。

2007 「HT 座付きナット」特許取得

締め付け強度、安定性において高い水準をもつ当社オリジナルの金具留めのナット「HT 座付きナット」。

2007年に特許取得。

現場での閉め忘れ防止など施工性にも優れたオリジナルナット。

2009年 グッドデザイン賞受賞(初)

締め付け前

締め付け後

大倉 功

2012 太陽光発電を標準搭載

「東日本ハウスの決意」全商品に太陽光発電システムを標準搭載の新聞広告

2013 制震パネル「グッドストロングウォール」で2013年度グッドデザイン賞受賞

「パーフェクトソーラー・ゼロ」
光熱費ゼロを目指す家

2014 「パーフェクトソーラー・∞（ムゲン）」
個人売電事業の家

2015 グッドデザイン賞商品檜の家「やまと」と「GHOUSE34」

2015/2016「2年連続三賞受賞」

GOOD DESIGN AWARD 2016　JAPAN WOOD DESIGN AWARD 2016　KIDS DESIGN AWARD 2016

2018 隈研吾氏設計監修
50周年記念モデルハウス

2019 「快適住宅シリーズ」
「館・華」「彩」新発売

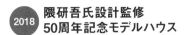

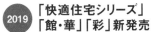

2020 快適住宅シリーズ
「抗ウイルス・抗菌」
対応住宅新発売

バーチャル住宅展示場
WEB展示場スタート!

新商品企画型
「クレステージ」シリーズ新発売!

2021 環境にやさしい、脱炭素社会の住宅
新商品日本の家・檜の家シリーズ新発売!

「館」

「極」

「輝」

「雅」

日本の家・檜の家シリーズ
限定企画商品
「匠の技クレステージ15」
新発売!

2022
日本の家・檜の家シリーズ限定
企画商品
「匠の技クレステージ18」新発売!

2023
55周年記念限定企画型商品
「匠の技クレステージS」新発売!

55周年記念事業
Hinoki Plaza埼玉
宿泊体験展示場オープン

日本の家・檜の家シリーズ
「匠の技クレステージ25」新発売!

隈研吾氏設計監修
55周年記念モデルハウス

脱炭素社会の住宅
「檜品質」「ゼロエネ品質」「快適品質」に
こだわる

2024年(令和6年)2月7日　第1刷発行

著者／株式会社日本ハウスホールディングス
発行者／西村公延

兼六館出版株式会社
〒102-0072　東京都千代田区飯田橋2丁目8番7号
TEL.03-3265-4831　FAX.03-3265-4833
http://www.kenroku-kan.co.jp

装丁・本文デザイン／有限会社ウェップ
印刷・製本／ダイオーミウラ株式会社

ISBN978-4-87462-087-8

脱炭素社会の住宅

檜品質
ゼロエネ品質
快適品質
にこだわる

日本ハウスHD